KB067960

떠나기 100일 전부터 보이기 시작한 것들

떠나기 100일 전부터 보이기 시작한 것들

박프레 지음

harmonybook

어쩌다 보니 자꾸 짐을 챙겨 떠나야 할 일이 많았다. 처음 짐을 지고 도
착한 곳은 고등학교 기숙사였다. 그렇게 언덕이 가파른 학교를 코 앞에서
다니다 보니, 떠난다는 것은 편해지는 것이라고 생각했다.

그리고 몇 년이 흘러 고등학교를 졸업하고, 처음으로 기숙사를 벗어나
동생과 함께 동생의 고등학교 근처로 자취방을 얻었다. 트럭에 한가득 짐
을 싣고 도착한 곳은 서울의 작은 오피스텔. 스무 살이 되고 집이 생기니
떠난다는 것은 어른이 되어가는 것이라고 생각했다.

그러던 어느 날, 평소와는 전혀 다른 느낌으로 '떠나고' 싶어 졌다. 그렇
게 파리로 떠났다. 갑자기 떠났다. 왜냐고 묻는다면, 고등학교 때 열심히
배워 둔 프랑스어를 써먹어보자는 이유에서였다. 책 속에서만 보던 문장
들을 들고 호기롭게 떠났다. 공항에 도착해 한글이 사라진 표지판을 바
라보고 있자니, 떠난다는 것은 다른 행성에 도착하는 것 같았다. 파리는
다른 행성 같았다.

신기하게도 그 다른 행성 같던 도시는, 너무나도 매력적이었다. 길목 길
목이 영화의 한 장면 같았고, 왠지 이 곳에선 내가 꿈꾸던 세상이 펼쳐질
것만 같았다. 그렇게 1년 뒤에 난 파리의 대학교에 합격했다.

처음이었다. 나를 배웅하러 나온 가족들이 점점 멀어질 때, 나는 처음으

4

로 떠나기가 두려웠다. 낯선 모든 것들을 적응해내기도 전에, 일상이 시작되어버렸다. 하고 싶은 것들이 참 많았던 것 같은데, 생각이 나지 않았다. 떠난다는 것은 혼자 있는 시간이 많아지는 것이었다. 시간이 그렇게 흘렀고, 난 잠시 멈추었다.

한국으로 돌아온 나는 다시 평범한 일상들을 보냈다. 음악을 자주 듣고, 아르바이트를 하고, 동생과 저녁도 먹었다. 그런데 어쩐지 시간이 맴도는 것 같이 느껴졌다. 그렇게 동생과 짐을 한가득 싸서, 다시 파리로 떠났다. 워킹 홀리데이라는 이름으로 우리에게 주어진 시간은 1년이었다.

이 책엔 100장의 일기가 담겼다. 돌아오기 100일 전부터 아쉬워 적어둔 문장들을 책으로 만들게 되었다.

떠날 때가 되니 삶에 태가 나기 시작했다. 처음엔 어디로 가는지도 모르게 흘러가던 하루가 간직하고 싶은 날이 되고, 지도를 만들었다.

모든 여행에 응원을 보낸다.
목적지가 없더라도 말이다.

2022.2.25
박프레

Contents

Contents

100일 전

봄이 조금은 좋아진다.
여태껏 봄은 나를 평소보다 조금 낮은 곳으로
가라앉게 만드는 계절이었다.
너무나 싱그럽고 푸르른 것들은 왠지 나를
재촉하는 것 같았다.
올해 느낀 봄은 급하지 않고 조용했다.
조용히 푸르른 것들이 많았고
생각보다 예쁜 것들이 있었고
볕이 드는 곳엔 늘 반짝이는 나뭇잎이 춤췄다.
봄. 꽃까지는 아니고, 잎사귀까지는 좋아졌다.
꽤나 큰 사건이다.

싫지만, 좋을지도 모르지

계절은 우리가 살아있음을 느끼게 한다. 똑같은 일상을 반복하는듯 싶지만 우리의 가장 가까운 곳엔 쉼없이 변하고 있는 것들이 있다. 작은 나뭇가지 위의 색깔과 하늘, 구름의 모양새, 코 끝에 느껴지는 계절의 온도. 모든 것은 끊임없이 변하고 있다. 갑자기 차가워진 공기를 느낄 때, 나는 살아있다고 느낀다. 그리고 내가 살아있음을 느끼게 만드는 계절을 '좋아하는 계절'이라 부르면 좋겠다. 나는 그 중 겨울을 좋아한다. 겨울이라기 보다는 추운 날들을 좋아한다. 코 끝이 빨개지고 볼이 아린 추위를 느낄 때면 나는 달리고 싶어진다. 주위 사람들은 그게 어떻게 좋을 수 있냐고 했지만, 좋아한다는 것은 그냥 그런 것일 뿐이다. 내가 그렇게 느끼면 좋은 것이다. 그래도 나름의 이유를 만들어볼까 해서 어느 날은 한 번 내가 왜 추운 날을 좋아하는 지 곰곰이 생각해보았다. 사실 정확하게는 알 수 없었지만, 진짜 추운 날은 이상하게 하늘이 너무 맑다. 그런 모순도 마음에 들었다. 난 추운 계절이 좋지만 맑은 날을 좋아하는데, 추워지는 날들에는 흐린 날이 적다. 그리고 추운 날에는 따뜻한 것들이 세상에 참 많게 느껴진다. 추울수록 움츠러들긴 하지만, 우린 그 와중에 누군가를 향한다. 생각나는 사람들이 많아지고, 작은 인사에도 따뜻해진다. 바깥이 너무 춥기 때문에. 우린 안으로 모여들 수 밖에 없다. 움츠린 어깨로 사랑하는 이들의 벌겋게 상기된 얼굴을 한 번이라도 더 보게 될 지도 모른다. 바깥은 너무 춥기 때문에.

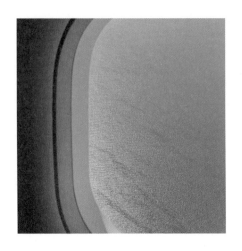

99일 전

여행을 다녀왔다.
짧은 여행을 다녀왔지만
다녀왔지만 아직 여행이다.
여행이 끝났지만 여행중이다.
웃기기도 했지만 놀랍기도 하고 감동적이다.
가는 곳마다 여행이었으면 하지만
포근한 집이 있었으면 싶기도 하다.
돌아갈 곳이 있다면 여행은 여행에서 끝나겠지만
그 곳이 또 다른 세상이라면
차라리 이 모든 걸 여행이라고 하면 멋질까.

여행 중 여행

나는 가끔 집을 나온다. 지금 난 이미 혼자 살고 있지만, 그래도 가끔 집을 나온다. 외출을 하는 것과는 전혀 다른 이야기다. 아무 목적 없이 밖으로 나간다. 집을 나가 다른 장소에서 잠을 잔다. 여행이라는 목적으로 떠난 여행들은 내게 커다란 인상을 남기지 못했다. 그런데 이렇게 잘 살고 있다 한 번씩 그냥 가방을 들고 나올 때, 비로소 여행자가 된 기분이 든다. 그 여행은 어딘가로 떠났기 때문이 아니라, 내 삶 자체를 여행이라고 느끼게 만들어버리기 때문이다. 그래서 그 맛을 잊지 않고 잊을 때쯤 한 번씩 짐을 챙겨 밖으로 나간다. 그날 어디서 무엇을 먹을지, 어떤 거리를 걸을 지, 그 거리에서 만날 풍경들이 어떨지 예상조차 해보지 못한 상태로 밖으로 내던져지듯 튕겨져 나온다. 그리고 어떤 특별한 것을 하진 않는다. 그냥 하루 종일 낯선 환경 속에 있는 나는 이대로 평생을 사는 상상부터 내일 당장 죽는 상상까지, 수많은 생각을 하며 하루를 보낸다. 물론 심오한 것들은 아니라 짧은 시간 여러 번에 걸친 '문득 든 생각' 정도에 그치긴 하지만, 그러다 보면 삶이 조금은 쉬워진다. 웃긴 이야기지만 내 여행의 끝엔, 삶은 별 게 없다는 것으로 끝이 난다. 그러다 보면 내가 조금은 더 즐거워볼 수 있지 않을까 하는 기대와, 조금 더 과감해질 수 있을 것 같은 용기가 생긴다. 사실 여행이라는 것이 거창한 것 같으면서도, 별 게 아니다. 삶도 그렇기에 그냥 난 두 개를 같은 단어라 생각하기로 했다.

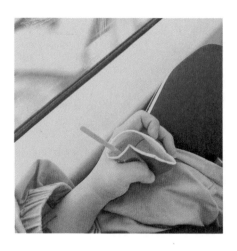

98일 전

한국으로 돌아가는 친구를 배웅하고 돌아오는 길이었다.
몇 달 사이 그 공항을 통해 사람들을 맞이하고 또
떠나보냈다. 오늘도 공항은 그런 곳이었다.
두근거리는 마음이 많아서 소란했다.

멀지 않은 날에 나도 이 곳에서 서서 마음 속으로 안녕을
두 세번 말하겠지. 두 세 번 중 한번은 아쉽고 한 번은 후련할까.
돌아오는 열차 칸의 열의 일고 여덟은 이 열차가 낯설다.
옆자리의 두 아주머니도 창문 밖을 꽤 자주 들여다본다
그 사람들에 비해서 나는 이 열차가 아늑하다. 커피를 사 들고 탔다.
우유가 살짝 섞여 고소하다. 그 조그마한 종이컵에 설탕도 약간 넣었다.

설탕을 녹이다 보니 기분이 좋았다.
누구의 손에도 커피는 없더랬다.

잘 가, 인사하고 설탕을 녹였다

감정이라는 건 옮기도 하는 것 같다. 주변이 소란하면 괜히 나도 마음이 들뜨게 되고, 분노한 사람들이 모인 곳을 지날 땐 나도 모르게 엄숙한 표정을 짓게 되는 것이다. 공항을 가는 마음은 늘 떨림이었던 것 같다. 그 곳에는 미지의 세계로 첫 발걸음을 하는 사람들의 떨림이 있고, 그리워하던 누군가를 애타게 눈으로 찾아내고 있는 사람들의 떨림이 있다. 덩달아 나도 공항을 찾을 때마다 가슴이 두근댔던 것 같다. 처음으로 긴 여행을 떠났던 날이 있었다. 잘 다녀오라고 말하기에 너무도 긴 여행이었기에 웃으며 손을 흔들기가 힘들었던 기억이 난다. 뒤를 돌아 저 문으로 들어가면 우리가 다시 얼굴을 마주하는 날이 언제쯤 찾아올지 몰라 두려웠다. 그리고 이번 워킹 홀리데이가 그 두번째 여행이었다. 하지만 이번엔 혼자가 아니었기 때문에 떨리는 마음을 웃으며 털어낼 수 있었다. 떠날 땐 슬프지 않게 떠났지만, 대신 그 곳에선 떠나는 누군가를 배웅할 일이 많았다. 잠시 우리를 보러 온 가족을 보내기도, 친구를 보내기도 했다. 한가지 새롭게 느낀 것이 있었다면, 떠나보내는 사람의 마음도 크게 다를 것이 없다는 것이다. 그동안은 떠나는 사람에 대한 생각을 했다면, 함께 있던 일상에 빈자리가 생길 떠나보낸 사람도 한동안 허전함에 시달린다는 것을 알았다. 마음이 뭐길래 사람들을 이렇게 엮어 놓을까. 일면식 없는 사람들을 보고서도 설레는 공항에서 그런 생각을 했다.

97일 전

이 곳은 편의점이 없다.

몸을 숙여 냉동고를 뒤적일 일이 없다.

그래서 아이스크림을 먹지 않은지가 꽤 오래되었다.

오랜만에 동생이랑 동네를 한바퀴 돌다 문득 아이스크림이 먹고 싶어졌다. 작은 가게에 들어가 기웃거리다 바닐라 아이스크림 겉에 초코가 코팅된 것이 네 개가 들어있던 박스를 발견했는데, 일단 집어 들고 나왔다.

두 개는 뜯어서 하나씩 손에 쥐고, 두 개는 박스에 담긴 채로 손에 들고 걸었다. 혹시라도 길을 걷다 먹고 싶어 눈을 떼지 못하는 누군가 있다면 기꺼이 하나 건네 줄 마음으로.

활짝 열린 마음으로 길을 걸었다.

어쩐지 이 날은 산책이 즐거웠다.

오랜만에 먹은 아이스크림이 생각보다 달콤해서 그랬을까.

아님 내 손에 누군가에게 기꺼이 건넬 아이스크림이

두 개나 더 있어서 그랬을까.

불편하면 불편한 대로

 불편하던 것이 익숙해지는 것과 낯선 편안함이 익숙해지는 것. 두 상황의 결과는 똑같다. 그냥 살게 된다는 것. 하지만 그 과정에서 느낄 수 있는 놀라움의 종류는 아주 다르다. 첫 번째는, '이게 없다고?' 라고 외치며 불편한 상황을 온몸으로 받아들이게 되는 것. 두 번째는 '이게 되는구나?' 라며 고난 없는 상황 속에 놓인 새로움을 느끼는 것이다. 파리에 도착했을 때와 한국으로 돌아왔을 때가 딱 그랬다. 우편부터 은행업무, 배달음식 뭐 하나 맘에 드는 게 없었다. 이렇게 불편함을 느끼며 어떻게 살아가나 생각했는데, 어느 순간 완벽히 적응해 순리에 맞춰 살아가는 우리의 모습을 볼 수 있었다. 느리면 느린 대로 기다렸고, 없다면 없는 대로 살았다. 그러다 보니 어느 순간부터는 아무 생각 없이 당연하게 받아들여졌다. 냉장고에 골라 먹는 아이스크림을 큰 통으로 사다 두고 더울 때 꺼내 먹고 싶은데 냉동고가 시원찮아 한 개씩 사가지고 나오자마자 먹어야 했지만, 그런대로 좋은 시간이었다. 그런데 한국으로 돌아오고 몇 일 뒤, 그렇게 먹고 싶던 그 아이스크림집에 가서 통에 잔뜩 담아 계산하려는데, 직원이 '가시는 데 몇 분 걸리시냐' 고 물었다. 아이스크림을 샀는데 녹지도 않게 해주겠다고 한다. '이거지.' 싶었다.

96일 전

우리 집에서 약 3분 정도의 거리에는 공원이 하나 있다.

날씨가 따뜻해지면서부터 종종 산책을 나온다.

생각보다 공원이 넓어서 그런 걸까.

우린 이 공원에 대한 흥미로운 사실 몇 가지를 알아냈다.

1.

첫번째, 이 공원에는 돌이 아주 많은 공간이 있다.

공원이라고 하면 우린 나무와 꽃 작고 큰 풀숲, 날아다니는 새들과 벌레들… 을 볼 거라 생각한다.

하지만 이 공원 안쪽엔 온통 돌로만 이루어진 곳이 있다.

난 꼭 공원에 오면 이 수많은 돌들이 보이는 벤치에 앉는다 돌을 보러 공원에 가는 건 아니지만 이 공원에는 돌이 많다.

2.

두번째로는 이 공원에는 말이 산다. 어렸을 때 말을 타는 체험 같은 걸 했던 기억이 있지만 이렇게 예기치 못한 곳에서 만나니 좀 신기했다. 아직 어린 말들이라 어릴 적 보던 그 말들처럼 늠름한 느낌이라기보단 귀여운 쪽에 가까웠다. 종종 아저씨들이 말을 산책시키기도 하는데, 보고 있으면 꽤히 기분이 좋아진다.

3.

마지막으로는 이 공원엔 해 질 무렵인 9시경이 되면 온 동네 까마귀들이 연못에 모인다. 까마귀도 사실 나에게 익숙한 생명체는 아니라 길을 걷다 우연찮게 한 마리씩 보이면 눈길이 가곤 한다. 그런데 9시쯤이 되면 공원 연못 주변에 까마귀들이 가득하다. 한 두 마리가 아니고 정말 스무 마리 서른 마리는 되어 보이는 큰 무리가 모인다. 처음엔 우연인 줄 알았더니 다음 날도, 몇 일 뒤에도 그랬다. 매일 해가 지기 전에 모여서 서로 까악 까악 무어라 이야기를 한다. 공원을 나가기 전에 꼭 그 까마귀 무리를 마주치는데 무슨 얘기를 그렇게 서로 하나 궁금하다. 몇 마리는 벤치 위에서, 또 몇은 연못가에서. 오늘 하루 이야기를 하려나, 너희도 그러려나.

너도 나도 이야기하고 싶을 때가 있잖아

사실 하루를 마무리할 땐 누구나 이야기하고 싶어진다. 아쉬웠던 순간들, 잘 해냈던 일들. 일기를 쓰는 이유도 그런 것이겠다. 말하고 싶지만 나에게만 하는 것으로도 충분하니까. 그래서 난 하루가 끝날 때쯤 오늘 하루가 어떻게 흘러갔는지 정도는 대충이라도 되짚는 버릇을 들인다. 어쨌든 우리가 살아야 하는 것은 오늘이라 그 하루를 잘 살아내는 것을 삶이라 생각한다. 자꾸 모르겠는 것들이 늘어갈 때 당연히 알 수 없는 먼 미래에서 오늘에 도착한다. 난 알 수 있다. 지금 내가 뭘 할 수 있는지 말이다. 쉬운 것은 없지만 가능한 것들이 있다. 하루씩 살아나가는 것이다.

95일 전

서울에선 '막차'를 타기 위해

자리를 일찍 뜨거나, 걸음을 재촉하거나

핸드폰 시계를 이 삼분에 한번 확인하는 일이

꽤 자주 있었다.

파리 지하철은 주말에는 2시까지도 움직인다.

평일에도 열두시가 넘은 시간까지 탈 수가 있다.

그런데 여기서는 한 번도 '막차'를 타본 적이 없다.

사실 탈 일이 없다. 늦은 시간에 돌아다니는 일이 거의 없다. 저녁을 먹으면 서둘러 집으로 돌아간다.

서울에선 그렇게 막차를 타면서 '한 시간만 더'를 바랬건만 두 시간이나 더 생기고 나니 날 재촉할 일이 없다.

재미있는 일이다.

조금만 뛰면 막차 탈 수 있어

 억울한 일이지만 하지 말라고 하면 더 하고싶다. 왠지는 모르겠지만, 하지 말라고 하는 것들을 해냈을 때 숨어있던 나의 본능이 깨어나는 기분이라고 해야 하나. 자취를 시작한 사람들이라면 한 번쯤 경험해 봤을 것이다. 그토록 집에서 엄하게 지키라던 통금시간과 금지된 욕망 같은 야식, 잔소리를 각오한 늦잠, 혹은 밤잠 같은 낮잠. 자유로운 몸이 되면 물론 이 모든 것을 누구의 눈치도 볼 필요 없이 다 할 수가 있다. 그것도 매일. 하지만 그 생활이 즐거운 것은 길어야 몇 달 뿐. 내 마음 속 어딘가에서 말을 한다. 왜 이러는 거지? 이상함을 감지한 것이다. 그토록 원하던 것이 무엇이었는지도 기억이 가물가물해진다. 엉망이 된 생활패턴을 보며 다짐을 한다. 아. 운동이라도 시작해야지. 잠을 조금 줄여야지. 배달은 일주일에 두 번만 시켜야지. 그리고 이건 진짜 내가 원한 행동이 맞다. 그러니 누군가에게 무언가를 하지 말라고 하는 것은 큰 의미가 없다. 왜 하면 안 되는 지에 대한 섬광 같은 깨달음을 얻기 전까지는 아무도 그를 말릴 수 없다. 막차 시간은 그래도 늘 억울한 감이 있지만, 만약 내가 사랑하는 사람이 그 시간 일하는 기관사였다면, 그가 한 시간 일찍 퇴근할 수 있다는 사실이 내 일처럼 기뻤을 것이다. 그럼 우린 숨을 헐떡이며 뛰어 간신히 탄 막차 안에서 안도의 한숨을 내쉼과 동시에 핸드폰을 켜 배달 앱을 잠깐 살피다 주머니에 도로 넣는 것이다. 이상하게 편안한 느낌. 뭐 암튼, 그런 것이다.

94일 전

일을 한다는 건 힘들지만 즐거운 점이 많다.
땀을 흘리며 일을 하다 보면 왠지 내가
꽤나 중요한 사람이 되어있는 것 같아서 일지도 모르겠다.
살아있다는 건 내 열정이 담긴 움직임
그 와중의 적지 않은 사건들이 증명하는 것인가 보다
생각해 보면 움직임이 증명하는 것들은 무한하다.
내가 여기에 살아있다…그러니 살아있기 때문에 느낄 수 있는 기쁨과 슬픔 따위의 것
들 역시
나의 움직임이 모두 증명한다.
그래서 오늘 하루가 흘러갔다는 것은
내가 스물 네 시간을 살아있었다는 큰 증거이자
나의 몸짓들의 결과일 것이다.
움직임이 주는 힘은 대단하다.

적극적으로 아무것도 안하고 싶다

아무것도 안 하는 사람이 부러울 때가 있다. 지금 나는 몸이 두 개라도 모자랄 만큼 바쁜데, 벤치에 가만히 앉아 있는 저 사람이 마냥 부럽다. 하지만 나는 아마 저 사람은 반대로 '무언가를 하는 사람들'을 바라보고 있을 것이라 생각한다. 내가 딱 그랬다. 도착한지 얼마 되지 않아 나를 부르는 곳도 갈 곳도 없을 때 집에 가만히 있다 보면 창 밖으로 지나다니는 사람들이 신기하다. 어디를 가는 걸까. 누가 저 사람을 필요로 하길래 저리 바쁜 걸음을 하고 있을까. 그래서 괜히 갈 곳도 없는데 가방을 챙겨 바쁜 것처럼 걸어 보기도 했지만, 어쩐지 눈빛부터가 다른 것 같다. 나는 세상 모든 곳에 시선을 두는 반면에 그 사람들은 그저 머릿속에 어떤 생각 하나와 함께 정면을 응시하며 걸었다. 쩝. 그래서 나도 일을 시작했다. 아무리 워킹 홀리데이라지만 워킹과 홀리데이는 함께할 수 없는 단어다. 일단 일을 하다 보면 홀리데이가 자연스럽게 생기기 마련이니 일을 구해 무작정 시작했다. 작은 테이크 아웃 도시락 가게였는데 손님이 아주 많았다. 직장인들이 무리 지어 들리기도 했다. 덩달아 나도 정말 바빴다. 정신차려보니 퇴근시간이 되었고, 피곤한 몸으로 집으로 돌아가니 나를 맞이하는 꿈 같은 휴식시간이 있었다. 왜 워킹 홀리데이라고 부르나 싶었는데, 일하라는 뜻이였나 보다. 일을 하니 남은 시간은 완전한 나의 휴식시간이 되었고, 더 이상 창문 밖으로 지나가는 사람들을 멍하니 구경할 일도 없다. 그러기엔 내 시간이 너무 아까우니까.

93일 전

스페인으로 여행을 갔었다.

바르셀로나를 여행했다. 짧게 여행했다.

태어나서 처음 신성이라는 단어를 생각하게 만든

사그라다 파밀리아 성당을 보았다.

그리고 그 사그라다 파밀리아 바로 앞엔

작은 츄러스 가게가 있다. 일반 츄러스와 다르게

도톰한 츄러스 안에 크림, 혹은 초코 필링이 듬뿍 들어있는 것이었는데, 그 때는 그저 정말

맛있는 츄러스구나 싶었지.

돌아와서 생각하니 진짜 정말 맛있는 츄러스였다.

주변을 아무리 찾아봐도 없다 이 곳엔.

그래서 이 츄러스는 세상에서 제일 맛있는 츄러스…가 되어버리고 말았다.

세상에서 제일 맛있는 츄러스를 또 먹고 싶다.

간 김에 사그라다 파밀리아 앞에서 신성을 되새기는 거지.

바르셀로나에 다시 가고 싶어졌다. 짧아도 좋아.

스페인으로 여행을 갈……까?

츄러스 예찬

저 츄러스는 지금 생각해도 혁명적이다. 한국에도 츄러스는 많지만, 츄러스에 디핑 소스를 추가하면 초콜릿이든 블루베리 잼이든 찍어 먹을 소스를 주기 마련인데, 번거로운 과정을 한 번에 정리해주는 그런 츄러스라고 할 수 있다. 사그라다 파밀리아 성당을 떠올리면 물론 성당의 내부가 지나치게 아름다워서 말문이 막혔던 기억도 나지만, 이상하게 그 앞 길거리에서 팔던 저 츄러스 맛이 잊혀지지 않는다. 난 음식에 대한 남다른 애정이 있어서 어떤 곳에서 먹었던 엄청나게 맛있는 음식 하나로 행복했던 여행과 별 것 없는 여행을 판가름한다. 또 하나 예를 들자면 파리에도 몽마르트에 내가 좋아하던 식당이 하나 있었는데, 그 집은 양파 수프가 정말 맛있다. 물론 양파 수프는 전식이라 요리를 함께 시켜 먹지만, 수프를 이겼던 음식이 없었다. 수프 안에 뭉텅이로 적셔진 바게트 조각들과 고소한 치즈가 녹아 한 숟가락을 뜨면 믿을 수 없는 비주얼을 자랑한다. 우연히 알게 된 식당이었지만, 추운 날 입김을 불며 도착해 첫 입을 먹던 날의 내가 너무 행복했기 때문에 지금도 그 음식을 떠올리면 그 동네가 생각난다. 다시 먹고 싶은 음식들만 나열해서 여행을 떠나보고 싶다. 지금부터 부지런히 적어둬야겠다.

92일 전

성격상 후회를 잘 하지 않는 편이다.

그렇게 하는 것을 좋아하지도 않는다.

후회가 지나가면 실체가 없는 것만이 남는다.

좋은 변명거리일 수도 있지만 그래서 나는 즉흥적인 편이다.

즉흥적으로 무언가를 결정하기도 하고 무언가를 과감히 포기하기도 한다. 예전엔 그런 나를 철이 없다 생각한 적이 가끔 있었다. 그런데 생각해보면 이렇다.

즉흥적으로 무언가 결정을 하고 결정이 실천이 되고 결과가 될 때, 그 순간은 짜릿하다. 말로 표현할 수 없는 기쁨이 있다. 그 순간만큼은 내가 내 삶의 진정한 주인임을 느낀다. 나의 느낌으로, 나의 알 수 없는 숭고한 느낌으로 핸들을 훅 꺾어 차선을 바꿀 때 그 때 느껴지는 기분 때문에 나는 즉흥을 즐긴다.

그 무엇도 그 순간을 넘지 못했다. 후회도 넘지 못했다.

그래서 난 하고 싶으면 한다. 어쩌면 해낸다고 해야겠지

그저 언제 저지르는 것이 가장 기쁠지 계산할 뿐.

누군가에겐 철없음으로 비춰지는 그것을 포기하지는 않기로 했다.

살아있음을 즐길 것이다.

명품 그거 왜 사는지 알겠어

생애 첫 명품이라고 말할 수 있는 나의 작은 지갑을 샀던 날이다. 프랑스에 가면 멋진 백화점에 가 반짝이는 상점에 들러 맘에 드는 스카프나 가방을 맘만 먹으면 얻을 수 있을 것 같은 기분이 들지만, 사실 내 월급으로는 택도 없다. 집과 식당만 왔다 갔다 하던 어느 날, 문득 그런 생각을 했다. 욕망을 깨우고 싶다. 그러지 않으면 이렇게 일만 열심히 하다 귀국하는 것이 아닐까 하는 생각이 든 것이다. 어쩌다 한번 하는 외식에도 쑥쑥 사라지는 내 월급을 조금씩 모아 눈에 보이는 무언가를 사고 싶다는 생각을 했다. 내 안에 잠들어 있던 욕망을 깨워 그날부터 월급날마다 봉투에 현금으로 돈을 모았다. 무엇을 살지도 모르고 그냥 일단 모았다. 월급날이 돌아와 현금을 찾으러 은행에 가서 카드를 꺼내는데 문득 내 지갑이 눈에 들어왔다. 지갑이라기엔 작은 주머니라고 부르는 것이 더 어울릴 법한 그것을 보고서 나는 결정했다. 지갑을 사야겠다. 그렇게 조금씩 모은 돈을 들고 그 매장에 가던 날, 기대한 것과 다르게 멋진 쇼핑백도 아닌 작은 천가방에 저 조그만 상자 하나를 담아 주었는데도 이상하게 기분이 참 좋았다. 아, 이래서 돈을 버는 건가.

91일 전

처음엔 밖에서 사 먹는 게 비싸다 하여 요리를 시작했다.

원래 한국에선 만들어 먹는 날이 특별한 날이었는데

이제는 매주 장을 보는 것이 익숙해져 외식을 특별히 할 일이 없어졌다.

요리를 하다 보니 다음 날 무엇을 먹을지 고민하는 일이 전날 밤의 가장 큰 즐거움이 되었다.

이제 마트에 가면 좋은 조리 도구에도 눈이 반짝한다. 누군가가 해준 요리를 먹을 때도 어떤 재료가 들어갔길래 이런 맛이 날까 생각하게 된다. 다 밖에서 사 먹는 게 비싼 덕이다. 이제 외식보다 집에서 해먹는 게 더 만족스러워서 쉬는 날에도 요리를 꽤 자주 하지만 귀찮은 날보다 즐거울 때가 많다. 나는 이렇게 또 조금 변했다. 내일은 뭘 해먹나….

오늘 뭐 먹을래?

요리를 가끔 하는 편이긴 했지만, 요리가 생활화된 건 프랑스에 가고 나서부터다. 기분 좋게 저녁 한 끼 먹고 싶어서 외식을 결심하면, 식당을 나올 때까진 기분이 좋다. 그리고 집에 돌아와 오늘 썼던 돈을 정리하다 보면 평소 거의 일주일치 장을 보는 정도의 돈이 나가 있다. 물론 그렇다고 해서 매일 집에서만 해먹을 거면 한국을 떠나올 필요가 없었겠지. 그래서 우리는 일주일에 1번에서 2번까지만 외식을 할 수 있게 정해 놓고, 나머지 날엔 집에서 먹고 싶은 음식을 해먹기로 했다. 처음엔 간단한 찌개 류. 김치찌개, 된장찌개, 부대찌개… 그러다 점점 자신감이 붙어 나중엔 닭볶음탕, 치킨, 돈가스, 잡채… 결론적으론 우리가 먹고 싶은 것들이지만 프랑스에서 먹을 수 없는 것들을 집에서 해 먹게 되었다. 그런데 그 결과는 생각보다 꽤 괜찮았고, 같이 먹는 동생도 내가 밥을 하는 날을 더 기다렸다. 나 역시 요리하는 시간이 즐거웠다. 지금은 혼자 살고 있고, 요리도 자주 한다. 그런데 그 시간이 그때만큼 즐겁지는 않은 것 같기도 하다. 정말 생활이 되어버려 그런 것일 수도 있겠지만, 같이 먹을 사람이 없어 그런 걸지도 모르겠다. 그땐 밥을 할 때마다 그 음식을 같이 먹게 될 동생을 생각했던 것 같다. 그래서 그 음식이 더 맛있어야 했고, 실제로도 그렇게 되었다. 지금은 조금 간이 안 맞더라도 나만 그 사실을 아무렇지 않게 넘겨버리면 되기 때문에 그때만큼의 즐거움은 없지만, 아직도 찌개가 끓는 냄비를 볼 때마다 누나 음식 팔아도 되겠다며 맛있게 먹던 동생 생각이 난다.

90일 전

빛이 드는 모든 곳에는 그림자가 모인다.

빛을 머금은 부분과 그림자를 머금은 부분이

번갈아 모습을 드러낼 때 우린

아! 예쁘다! 탄성을 지르게 된다.

거리의 잎이 무성한 나무도

울퉁불퉁 돌바닥도

반짝 빛이 나서 아주 예쁘다.

눈부신 햇볕은 수많은 그림자를 깨운다.

저 아래 숨어있던 마지막 그림자까지 깨어난다.

그래서 하늘이 맑은 날에는

온 세상이 참 예쁘다.

그때 우린 그림자를 밟고 서 있었는데

저 돌로 된 길은 사실 걷기도 자전거를 타기도 참 불편하긴 하다. 반반한 아스팔트 도로 랑은 느낌이 전혀 다르다. 걷다 보면 얇은 신발을 신었을 땐 발바닥이 아프고, 자전거를 타도, 킥보드를 타도 울퉁불퉁한 도로 위에서는 온 몸이 흔들린다. 그런데 저 감촉이 이제는 그리워지기 시작한다. 떠나지 못한 지 어언 2년이 넘어가는 지금, 2년 전의 파리의 모든 것들이 좋게만 느껴진다. 파리는 도시가 작아 어딘가로 이동할 때 걷는 것을 많이들 추천하고, 나도 그렇다. 단순히 걸어서 시간이 얼마 걸리지 않아서는 아니고, 도시의 모든 부분이 여행처럼 다가오기 때문이다. 저렇게 생긴 돌길이 참 많은데, 발이 아프더라도 걷기를 추천하는 이유는, 그 감촉은 한국에서 느껴볼 수 없는 것이기 때문이다. 그 감촉을 느끼며 도시를 걸을 때 보이는 모든 풍경들이 지금 와서는 너무도 꿈 같이 느껴진다. 편안하고 탈 없는 여행은 기억에 남지 않으니 꾹꾹 돌들을 밟으며 발바닥에 여행을 새긴다. 그러다 보면 어느 날은 비도 맞고, 어느 날은 찰랑거리는 햇살을 맞게 되겠지.

89일 전

이 곳의 좋은 점 또 한가지

교통권을 한 달 충전해 놓으면

정해진 곳까지는 어디든 자유롭게 이동(여행)이 가능하다.

생각보다 꽤 멀리까지 갈 수 있어서

쉬는 날에는 돈을 들이지 않고도 여행을 할 수 있다.

아침엔 소음 속 아스팔트를 걷다,

오후엔 어떤 마을의 옥수수 밭 옆 흙 길을 산책할 수 있다.

이토록 매력적인 것이 있다니!

아침엔 파리 점심엔 오베르쉬르와즈

사진에 등장하는 저 마법 같은 숲은 고흐가 생전에 그림을 그리며 살았다는 파리 근교의 오베르쉬르와즈 라는 마을 부근이다. 그 근처에는 조금만 걸어가면 고흐의 묘지를 볼 수도 있는데, 동생과 묘지를 들렀다 마을로 내려가는 도중에 발견한 작은 지름길이다.

지금 생각해보면 참 멋진 일인데, 파리에서는 교통권을 기간을 정해서 충전할 수 있는 나비고라는 카드가 있다. 그 카드를 사면 정해진 구역 내에서 어디든 내 맘대로 움직일 수가 있는데, 꽤 많은 곳들을 그 카드 한장으로 갈 수가 있었다. 그 중 하나도 저 마을이었는데, 지금으로선 너무 특별하게 느껴지는 여행이지만, 그 당시엔 아침 먹고 문득 떠나서 오후에도 돌아올 수 있는 곳이었다. 실제로 동생과 나도 주말 아침에 고민하다 갑자기 떠나게 된 여행이었다. 서울 지하철로 비교하자면 경춘선 정도의 느낌이랄까… 지갑과 카메라만 챙겨 가서 하루 종일 산책도 하고 여유를 부리다가 돌아왔다. 고흐가 마지막 그림을 그렸던 밀밭도 걸었는데, 그 땐 지금 글을 쓰고 있는 내 마음보다도 덜 흥분되었던 기억이 난다. 너무도 멋진 시간이었지만, 항상 그렇듯 그때의 우린 잘 몰랐고, 이제와 생각하니 이토록 동화 같은 일이 있을까 하는 생각이 들 뿐이다.

88일 전

내가 가장 좋아하는 장소는 사실 집이다. 집만큼 나에게 안정감을 주는 곳이 없다. 집은 이곳에서 유일하게 아무것도 하지 않아도 괜찮은 곳이다. 긴장을 쏙 풀어버려도 아무 일도 일어나지 않는다. 그래서 밖에서 하는 모든 잡다한 생각들, 걱정들, 크고 작은 이야기들, 어떤 영감들….

잘 모아두었다 집에서 꺼내 곱씹고는 한다.

그러면 더 선명하게, 진하게 즐길 수 있다. 생각을 하기에 참 좋은 곳이다. 해가 질 무렵이 그 중 특히 좋은데 오늘은 고개를 문득 돌아보니 커다란 달이 하늘에 있었다.

저렇게 커다란 달이 떠있는 날은 처음이었다.

여기서 커다란 달을 본 기억이 있었던가, 아니 보름달을 본 적 있던가. 그런 여러가지 커다란 달에 대한 생각을 할 때쯤, 내 모습이 창가에 비쳤다.

우리 집 책장이 창가에 비쳤다.

책장 옆의 식탁이 창가에 비쳤다.

식탁 위 둥근 조명도 창가에 비쳤다.

커다란 달에 대한 생각이 끝나간다.

우리 집에만 뜨는 달

파리에 처음 도착해 집을 구하면서 여러 곳에 연락도 하고 집을 보러도 갔었는데, 이 집은 우리가 처음 보러 갔던 집이자, 계약을 결심한 집이 되었다. 집을 보는 기준이 물론 여러가지가 있겠지만, 난 가장 처음 들어갔을 때의 느낌을 우선으로 꼽는다. 아늑함이 있는 공간은 생각보다 많지 않다. 나와의 마음이 맞고, 내가 쉴 때 편안할 것 같은 느낌이 드는 집이 나에겐 최고의 집이다. 이 집을 보고선 다른 집들은 사실 눈에 들어오지 않았다. 그런데 집 주인이 이 집을 이미 점 찍어 둔 사람이 한 팀 더 있단다. 나는 그 말을 듣자마자 동생과 내 이야기를 가득 담은 진심 어린 편지를 서툴게 써내려 가기 시작했다. 사전을 옆에 끼고 문법이 맞을까 조마조마하며 정중히 마음을 꾹꾹 담아 써내려 간 편지를 그 다음날 전했다. 계약하러 가던 날 집 주인이 그랬다. 원래 우리를 거절하려고 했으나 그 편지를 읽고 나서 마음이 바뀌어 연락했다고. 그날의 기분을 잊지 못한다.

87일 전

마음이 통한다는 건
저 사람의 상처에 서둘러 무언가를 붙이거나 발라 치료해주는 것이 아니라, 비슷한 부위
의 오래된 흉터를 보여주는 것일 수도 있겠다는 생각이 들었다. 그런 사람을 만나면 신기
하게도 몇 번씩 덧나 쓰라린 그것이 더 이상 걱정되지 않는다.

그저 이 상처가 흉터가 될 때까지
혹시라도 아주 운이 좋아
흔적도 없이 사라질 때까지
우리가 함께 있었으면 좋겠다 하는 마음이 들어서 그렇다.
스칠 때마다 아릿한 것쯤 참을 수 있으니
이 상처가 무언가가 될 때까지
그냥…
그냥 함께 기다려 줄 수 있을까?
하는 생각
뭐야

내가 이런 생각을 다 하고

어휴. 어휴.

–

그날 난 처음 너와 나를 우리라 부르기 시작했다.

그 곳에 우리가 있을 뿐

　파리에서 만났던 사람들 중에 나에게 가장 소중했던 기억을 남겨준 사람이 있다. 나보다 언니였지만 친구처럼 같이 옷 구경도 다니고, 맛있는 한식당을 발견하면 꼭 같이 가서 먹어보러 갔던 언니였다. 같이 식당에서 일을 하다 그 언니는 다른 가게에 셰프로 오퍼가 들어와서 이직을 하게 되었고, 나도 운이 좋게 언니를 따라가 언니의 보조로 몇 달 일할 수 있었다. 항상 밝고 긍정적이던 언니였는데, 어느 날 일이 끝나고 같이 저녁을 먹고 같이 맥주 한 캔 하며 이야기하다, 깊숙한 마음 속 이야기도 나누게 되었는데, 언니와 내가 가진 마음 속 불확실의 위치가 비슷해 한참을 울컥하는 마음으로 이야기 나눴던 밤이 있었다. 여태 보지 못했던 언니의 힘든 모습을 보니 나도 마음을 더 내려놓고 내 약점들을 이야기하게 되었던 것 같다. 그런데 이상하게 그 뒤로는 우리 사이가 좀 다르게 느껴졌던 것 같다. 진짜 친구가 된 것 같은 그런 느낌. 단단해진 느낌.

86일 전

오븐을 사고 싶어졌다.

맛있는 것들은 왜 오븐을 써야만 만들어지는 건지

오븐을 사면

제일 먼저 달콤하고 촉촉한 퐁당 쇼콜라를 만들고 싶다.

딱 두 개를 구워서 하나는 따뜻할 때

초콜릿이 흘러나오게 반을 쓱 갈라 먹고

하나는 조금 식혀서

시원한 우유에 적셔 먹고 싶다.

돌아가면 조그마한 오븐을 꼭 사야지 싶은 날이었다.

노릇노릇 구워지는 중이야

아까 이야기를 조금 덧붙여 하자면, 그 언니는 요리를 좋아했다. 좋아한다는 건 누구나 할 수 있는 일 같지만서도 사실 꽤 어려운 일이다. 좋아하는 마음을 지속하는 일은 어렵다. 마음은 마냥 머물기만 하지 않아서 매순간 새로운 환경에서 그 마음을 가지고 있기는 참 어렵다. 그런 점에 있어서 언니에겐 본 받을 점들이 많았다. 요리를 배우고 어렸을 때부터 학교를 다니는 정도를 밟지는 않았지만, 좋아하는 마음으로 시작해 자신의 스타일도 찾아가고, 사람들에게도 가르치고, 프랑스에 있는 식당에 셰프로 취직할 수 있었을 만큼 자신감도 넘치는 사람이었다. 누군가에게 요리를 대접하는 걸 정말 좋아했고, 사람들을 좋아했다. 그래서 도시락집에서 언니를 따라 나와 새로운 식당에서 일하게 되었는데, 그 식당에서는 주방에 언니와 나 둘 뿐 이였기에 주방 안에서 언니가 해준 음식들을 먹을 기회가 많았다. 다 너무 맛있어서 하나를 고르기 어렵지만, 새로운 디저트 메뉴를 개발하다 언니가 오븐에 퐁당 쇼콜라를 만들어준 적이 있는데, 꾸덕한 초코 케익 안을 숟가락으로 가르면 녹은 초콜릿이 촤르르 흘러나오는 생각만 해도 입안이 달콤해지는 디저트다. 프랑스에서는 꽤 흔한 디저트지만 그렇게 막 만든 퐁당 쇼콜라를 먹어보진 못했다. 언니가 반죽도 직접 해 오븐에서 갓 빼낸 걸 한 입 먹었을 때 느낄 수 있었다. 한없이 넓어지던 나의 디저트 세계가. 그 뒤로도 언니가 해준 퐁당 쇼콜라가 생각나서 비슷한 걸 사 먹어 봐도, 그 때 그 따뜻하고 촉촉한 맛을 이길 만한 건 없었다.

85일 전

이곳에 오기 전에 많이 들었던 이야기가 있다.
밤이 아름다운 도시가 바로 파리라고
정말 그렇다.
말도 안 되게 예쁜 곳들이 정말 많다.
그런데 밤이 특히나 더 예쁜 건
파리는 야경을 위해 도시의 모든 조명을
도시에 어울리는 정도로만 밝히기 때문이라고 했다.

그 중 가장 좋아하는 곳이 여기
루브르 박물관의 유리 피라미드 앞이다.
살다 보니 생각보다 특별한 곳이 아니었다.
심지어 매일같이 지나던 나의 출근길 이기도 했다.
그렇게 한낮에는 일상 같던 이 곳이, 밤이 되면 놀라울 정도로 아름답다. 은은한 가로등 불빛 사이로 보이는 보석 같은 피라미드와 무슨 이야기를 하나 괜히 궁금해지게 만드는 사람들의 표정과 걸음걸이, 수많은 것들이 모여 한 편의 멋진 영화가 된다.

반팔을 입고 밤 산책을 할 수 있는 날씨가 되었다.

우리 집에서는 이 곳까지 버스 한 번이면 올 수 있다.

아마 떠나기 가장 아쉬운 곳일 것 같다.

주인공은 출근길에도 노래를 불러

출근길에 풍경이 있다는 걸 이때 처음 느꼈던 것 같다. 전에는 아르바이트를 할 때도 그냥 시간 맞춰 그 곳에 가야 한다는 생각 말고는 달리 그 주변을 돌아보고 내가 걷고 있는 길에 대한 감상을 갖지는 못했다.

정말 운명적으로 내가 살고 있던 동네에서 일하는 곳까지 걸어가는 길에 딱 저 사진 속 풍경을 지나게 되었는데, 정말 매일 익숙해지지 못하다 떠났던 것 같다. 하루하루 새롭게 아름다운 모습의 루브르를 지나면서 나는 출근이라는 것도 잊고 지금 이 곳을 일상처럼 드나들 수 있다는 사실에 너무 기뻤었다. 아침에도 물론 그런 생각들에 출근길 풍경을 감상하며 가는 지경이었지만, 밤에는 울컥할 만큼 아름다운 곳이었다. 집으로 돌아가는 길을 일부러 루브르를 지나는 길로 돌아갈 때도 있었고, 저녁에 문득 산책 삼아 버스를 타고 나갈 때도 있었다. 여행을 다시 갈 수 있게 된다면, 가장 먼저 가고 싶은 곳이다.

84일 전

요즘 잠이 잘 안 온다.
자는 시간이 점점 늦어지고 있다.
하지만 머지않아 또 시차를 겪을 테니
이젠 그냥 잠이 안 와도
가만히 두어볼까 생각했다.

너희 아직도 파리 시간으로 사는 건 아니지?

엄마가 우리 남매에게 농담처럼 항상 하는 말이 있었다. '아침잠이 너무 많아. 프랑스 가면 좀 일찍 일어나려나.' 프랑스랑 한국은 서머타임 기준 7시간, 혹은 8시간 정도 차이가 난다. 한국에서 오후 3시면 프랑스에선 이른 아침. 그래서 우리 엄마는 워킹홀리데이 가기 전부터 우리가 혹시라도 시차라는 강제적인 생체리듬 차이로 인해 아침에 일찍 일어나는 아침형 인간이 될 지도 모른다는 기대 같은 걸 하셨었다.

정말 재밌는 사실은, 결국 똑같다는 것이다. 처음 막 도착해서는 눈 뜨면 새벽 5시 6시. 해가 다 떠있지도 않을 때 일어나 씻고 앉아있으면 왠지 내가 새로운 인간이 되어서 한국에 돌아갈 것 같은 자신감이 샘솟았는데, 그 기상시간이 하루 이틀 지날수록 뒤로 미뤄지는 것이다. 6시에서 6시 40분, 그러다 8시 9시 …. (이하생략) 다행히 일을 일찍 시작하게 되어 점심때가 다 되어 일어나는 불상사는 피했지만, 주말엔 어김없이 열두시가 넘어 일어나곤 했다. 과학적인 원리가 있는 건지 나도 참 궁금하지만, 결국 인간의 본성이라는 건 쉽게 변하지 않는 것이다. 엄마도 내가 그 사실을 말하자 웃으며 한숨을 쉬시는데, 재밌는 건 한국으로 들어온지 한참이 지난 아직도 가끔 그런 농담을 하신다는 것이다. 왠지 그 멋진 도시에 가면 마법처럼 아침에 눈을 떠 맛있는 빵집으로 향하게 될 것 같은 느낌인 걸까. 나도 그러다 보면 왠지 다시 가게 되면 그럴 수 있을 것만 같은 기분 좋은 환상같은 것이 느껴지곤 한다.

83일 전

비가 하도 내려서
비 오는 날이 이제 아주 싫지는 않다.
날이 맑아도 어느새 비
흐리다가도 결국 비다.
퍼붓듯이 내리지는 않아서
요샌 우산도 챙기기 귀찮아져 그냥 맞고 만다.

예전엔
비 오는 날도 싫지만
비 오는 날에 우산이 없는 것은 더 싫었다.
정말 싫어하던 것들이 조금 덜 싫어지게 되었다.

꼭 피할 필요 없는 것들

파리에 지내다가 한국에 와서 변한 점이 있다면, 모든 비에 꼭 우산을 쓰지는 않게 되었다는 것이다. 파리는 비가 많이 내리고 날씨도 흐린 날이 많았는데, 비 내리는 날에도 신기하게 우산을 쓴 사람들이 많지 않았다. 물론 장대비가 쏟아질 때 그런 사람을 발견한다면 이야기가 달라지겠지만, 부슬부슬 비가 내리는 날씨면 모자를 쓰거나, 그마저도 하지 않는 사람들이 꽤 많았다. 그저 비가 내리고 있을 뿐, 나의 행동은 변하지 않는다. 이런 굳은 신념 같은 느낌이랄까. 그래서 처음엔 매번 비가 한 두 방울 떨어질 때마다 우산을 꺼내서 펼쳤는데, 시간이 지날수록 주변 사람들 따라 잠깐은 맞아보자 하다 웬만큼 많이 내리는 게 아니면 우산을 챙기지도 않는 내 모습을 발견했다. 비를 무조건 막아야만 하는 것도 아니니까. 이런 생각이 들기 시작하고, 우산을 펼치는 게 오히려 조금 귀찮게 느껴져서 그냥 걷기도 했다. 물론 한국에서 내리는 비는 빗방울 속에 알 수 없는 미세먼지의 향기가 있기에 맞는 것을 추천하진 않지만, 그 뒤로 귀국해서도 비가 내리기 시작하자마자 우산을 펴진 않게 되었다. 어쩐지 비를 맞고 걷다 보면 조급한 느낌이 덜어지기도 하고, 꼭 이 비를 피해보고자 하는 마음을 내려놓다 보니 실제로도 제일 싫어하던 비 오는 날이 조금 덜 싫어지기도 했기 때문이다. 무조건 피하지 말고, 은근히 즐겨보는 것. 비오는 파리가 나에게 준 작은 교훈이다.

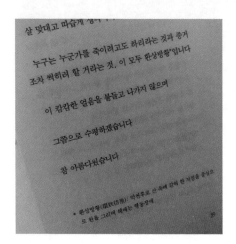

살 맞대고 따습게 생겨 ...

누구는 누군가를 죽이려고도 하리라는 것과 증거
조차 씩히러 할 거라는 것. 이 모두 환상방황'입니다

이 캄캄한 얼음을 붙들고 나가지 않으며

그쯤으로 수평하겠습니다

참 아름다웠습니다

* 환상방황(幻想彷徨): 악천후로 산속에 갇혀 한 지점을 중심으
로 원을 그리며 해매는 행동장애

82일 전

내 마음 깊은 구석 어딘가엔

이야기하기를 참 좋아하는 아이가 사는 것 같다.

그 이야기들은 평소에는 내 입 밖으로 잘 나오지 않는다.

그러다 문득 누군가와 아주 즐겁게 이야기를 하다 보면

그 아이도 대화에 끼고 싶은 건지 한마디씩 거들고는 한다.

그럴 때 나는 놀라곤 한다.

하고 싶은 이야기가 많을 때 난 가끔

내가 아닌 것 같을 때가 있다.

즐거운 이야기가 많은 곳에 살고 싶다.

잔잔한 물컵을 엎고 싶다.

그 아이는 사실 말하기를 좋아해

대화를 하다가 이런 경험을 한 지가 참 오래되었다. 주제가 흥미로워서, 사람이 좋아서. 뭐라고 하나 단정할 수는 없는 이유로 정말 시원한 대화를 해본 지가 참 오래다. 외국에 나가 친구를 만나거나 나와 다른 말을 쓰는 사람과 대화를 할 때 나는 항상 '내 말이 틀렸거나 이상한 문장을 말하고 있지는 않을까' 가 가장 큰 신경이었다. 그런데 언니와 함께 식당에서 일하던 중 언니의 남자친구와 그 친구들이 와서 같이 대화를 나눴던 적이 있었다. 내가 앞으로 하고 싶은 일들에 대한 이야기였는데 (정확한 내용은 기억이 잘 나지 않지만), 그날의 경험이 꽤 특별했다. 프랑스어를 아주 잘 하지는 못하지만 전혀 어색함이 없이 내 이야기를 들어주는 사람들이 있었고, 맛있는 음식과 술이 놓이니 어법이 틀리기도 하고, 하다 못해 영어를 섞어서 말하기도 했는데 그 친구들이 가고 나서 왠지 모를 시원하고 뿌듯한 기분에 한동안 사로잡혀 있던 기억이 있다. 대화의 본질에 대해 생각해보게 되었다. 나의 이야기를 하고, 그들의 이야기를 듣고. 그렇지만 그 때 유독 행복했던 이유는 뭘까 생각해보니 생각보다 나의 이야기가 흥미롭고, 그에 대해 귀기울여 듣는 사람이 내가 걱정했던 것보다 더 많을 수도 있겠구나 하는 가능성을 느꼈던 것 같다. 열린 마음으로 누군가의 이야기를 듣는 것에는, 정확한 어순도 문법도 필요 없다는 사실은 덤으로. 그리고 내가 이 곳에 있지 않았더라면 절대 만날 수 없던 사람들이기에 괜히 내가 조금 대단한 삶을 사는 것 같은 느낌도 들었다.

81일 전

기다리는 것이 더 나을 때도 있다.
무작정 앞에 보이는 걸 건드리는 것 보다

가만히 한 면이 차분히 익기를
기다리는 것이 더 나을 때도 있구나 한다.

이번 주의 신메뉴, 다음 주의 신메뉴

언니와 함께 일했던 곳은 퓨전 아시안 칵테일 바 정도라고 말할 수 있는 조금은 특색 있는 식당이었다. 그래서 우리가 특별한 날, 소위 말하는 이색적인 데이트 코스로 추천할 만한 그런 식당이었던 셈이다.

그래서 매주 메뉴를 한가지씩 특색 있는 걸로 개발해야 하는 과제가 주어졌는데, 어쩔 수 없는 한국인이다 보니 우리의 입맛이 반영될 수밖에 없었다. 육회, 김밥, 닭강정 등 메뉴는 친숙하지만 들어간 재료들을 신선하게 바꿔서 한가지씩 선보이곤 했는데, 그 중 새로운 메뉴로 타코야끼를 테스트해보기로 했다. 그러기 위해서는 가장 먼저 타코야끼를 구울 수 있을 만한 틀이 필요한데, 파리에서 그 틀을 구하는 과정도 만만치 않았다. 언니가 여러 인터넷 사이트들을 뒤져 드디어 구해온 열 여섯 구짜리 판에 반죽을 넣고 시도를 했는데, 은근히 쉽지 않은 과정이었다. 불 조절을 해야 하는데, 판이 잘 달궈지지 않아서 왠지 다 익었을 것 같다 싶었는데도 뒤집으려고 건드리면 모양이 흐트러졌다. 그래서 사진 속 저 동그란 모양이 나오기까지 몇 번의 시도를 거쳐야 했다. 그러다 보니 기다리는 시간에 대한 우리 나름의 계산법으로, 다 익었다 싶었을 때 1분 더 기다리는 (?) 신박한 전법으로 성공적인 신메뉴를 선보였던 기억이 있다. 말도 안 되는 상황에서 나는 인생을 또 배웠다.

80일 전

지하철이 또 가다가 멈췄다.
여기선 지하철도 가다 멈추고
버스도 잘 가다 돌아간다.

처음엔 어떻게 이럴 수 있나 했지만
이젠 그럴 수도 있지 한다.
오늘은 집까지 걸어가야겠다.

차라리 그냥 걷자

파리에 살면서 겪었던 황당한 일들 중 하나는 대중교통이 그다지 믿을 만한 방법이 되지 않는다는 것이었다. 보통 우리가 지하철을 타는 방법을 소위 말하는 '가장 안전한 루트'라고 생각하는데, 파리에선 예기치 못하게 일어나는 파업 사태, 시위, 공사 등으로 지하철이나 버스의 노선이 바뀌거나 운행하지 않아버리는 경우가 다반사였다. 지하철 노선도를 보고 열심히 계산해 내 출발시간을 정해두었다가도 지하철 안에서 갑자기 역무원이 모든 승객을 내리게 만들기도 하고, 버스를 타다 갑자기 운행을 안 하게 되었으니 내려서 다른 정류장으로 가라는 통보를 듣게 되면, 어쩔 수 없이 지각하는 사태가 발생하는 것이다. 이 날도 일이 끝나고 집으로 돌아가는 길이었다. 몇 정거장만 더 가면 집에 갈 수 있었는데 지하철이 멈춘다. 아마 역에 무슨 일이 생겼던 모양이다. 처음이라면 당황했겠지만 이미 수많은 경험들로 다져졌기 때문에 놀라지 않고 조용히 내려 구글 지도를 켰다. 집까지는 걸어서 40분은 더 가야 했지만 밤 산책을 한다고 생각하며 걸어갔던 날이다. 오히려 걷다 보니 기분이 좋아져 저렇게 사진을 남겼던 기억이 난다. 그런데 늦게 들어간다고 하니 동생도 그날 버스가 멈춰 걸어서 집에 들어갔다고 하더라. 이런 주제로 공감대를 형성한다는 게 웃기면서도 파리는 우리에게 1년이 다 되어가는 시점에도 예측 불가능함을 선물해주는 아름답고 신기한 도시라는 생각이 들었다.

79일 전

하고 싶은 게 참 많은 사람 같았다.

나는 이런 게 좋아. 이런 걸 원해.

말하고 싶은 것도 많은 사람 같았다

그렇지만 그 말을 하는 데에는 거침없었다.

그들은 어떻게 생각할까 어떤 이야기를 좋아할까.

이런 고민 없이 그냥 흥미로운 그 생각들을

자신의 언어로 아주 자유롭게 말했다.

그냥 그런 것만 보였다.

저 사람 그 동안 얼마나 즐거웠을까.

지금은 얼마나 뿌듯할까.

다음엔 또 어떤 재미난 일들을 구상 중일까.

이제 기생충 후기 맘대로 볼 수 있다 나도!

파리에서 만난 봉준호 감독

이 날은 나에겐 아직도 자랑할 만한 기억이다. 봉준호 감독의 영화 '기생충'이 칸에서 황금 종려상을 받게 되었던 시기에 우리는 파리에 있었다. 칸 영화제는 말 그대로 세계적인 영화 행사이자 프랑스 남부 지역인 칸에서 개최가 되기 때문에 예술에 관심이 남다른 프랑스인들은 그 해의 황금 종려상을 받은 작품이라면 관심을 갖지 않을 수 없었다. 그렇게 지하철 역에 프랑스어로 번역된 기생충의 포스터가 하나 둘 화려하게 걸렸고, 개봉 전부터 우리는 포스터 앞을 지날 때마다 알 수 없는 뿌듯함과 자부심에 사로잡혔다. 그리고 드디어 영화를 예매하기 위해 인터넷 창을 켰다. VF/ VO, 보통 이렇게 두 가지로 영화가 나뉘는데, 하나는 프랑스어 버전. 그들에겐 더빙판 정도가 되겠고, 하나는 오리지널 버전. 원어와 프랑스어 자막으로 감상하는 것이다. 순식간에 전세가 역전되어 오리지널 버전이 한국어가 되어버린 것이다! 더이상 맥락만으로 넘기지 않고 영화를 볼 수 있다는 사실이 너무 감동적이었다. 영화가 끝나고 나오는 길에 우리는 주변에 앉아있던 프랑스인들의 시선을 한 몸에 받을 수밖에 없었다. 마치 우리가 그 영화의 일부분인 마냥 신기한 듯, 한 번씩 바라보는 그들의 눈빛이 느껴졌다. 한 사람이 이렇게 작은 영화관에 주는 파급력이 이만큼이라니. 나름의 평론과 감상을 나누며 들뜬 표정으로 나가는 관객들을 보며 봉준호 감독 당사자는 어떤 마음일까 궁금해졌다. 그저 같은 한국인일 뿐인 우리를 잠시나마 연예인처럼 만들어준 감독님께 아직도 감사한 마음이다.

78일 전

혼자인 게 좋을 것 같기도 하다가
함께라 다행이라는 생각이 들 때도 있다.

혼자일 때 밖에 할 수 없는 것이 있고
혼자선 할 수 없는 일이 있다.

그 아슬한 균형을 잘 맞출 수 있는 사람이 되고 싶다.

혼자서는 함께 가 될 수 없어

동생과 지내는 1년이 매 순간 평화로웠느냐 묻는다면 당연히 아니오다. 원래 한국에 있을 때 부터 내가 성인이 되자마자 같이 자취를 시작했기 때문에 같이 지낸다는 것 자체가 문제가 되지는 않았다. 그렇지만 내가 굉장한 집순이라는 것에서 문제는 시작되었다. 동생은 쉬는 날마다 어딘가를 가려고 계획을 짜고, 빈 시간에 어디라도 더 가보고 싶어했는데, 나는 사실 막바지에 다다를수록 일이 끝나고 쉬는 것이 일상이 되었기 때문에 마찰이 생길 수밖에 없었다. 어느 날은 그래서 동생이 혼자 나가기도 하고, 짜증을 내며 돌아다닌 적도 있었다. 그러다 어느 주말에 동생과 함께 동네에서 멀지 않은 아울렛에 구경을 갔던 적이 있는데, 여기저기 돌아다니고 싶어하던 동생이 나에게 쉬고 싶냐며 점심을 여유롭게 먹고 벤치에 앉아있자는 제안을 한 것이다. 햄버거를 먹으러 갔던 것 같은데, 그날은 대화도 참 즐거웠고 동생이랑 이야기할 것도 많았던 것 같았다. 그리고 마실 걸 사서 벤치에 앉아 쉬고 있다 문득 동생이 있어 내가 안정감을 느끼고 있다는 생각이 들었다. 낯선 도시에 혼자 돌아다니다 보면 긴장도 해야 하고, 소매치기, 인종차별 등등 예기치 못하는 사건들도 생기기 마련인데, 둘이라서 내가 이런 여유를 더 가질 수가 있구나 하는 생각이 들었다. 그런 생각이 들 때 동생한테 드라마의 한 장면처럼 '고마워' 한마디 했더라면 좋았을텐데, 남매는 남매인지라 차마 그 말을 꺼내지는 못하고 이제 와서 써내려 가는 것이다. 네가 있어서 좋았어.

77일 전

글을 쓰다 보면 참
예상치 못한 것에서 영감이 떠오를 때가 있다.

예상치 못함을 발견하기 위해서는
그 전에 예상 가능한 수많은 생각을 해야 한다.
그 뭉글거리는 생각들 와중에
하나가 끓지 못하고 둥둥 떠 있다.

그럼 과감히 나머지를 싱크에 부어버린다.
그리고 건져낸 그 하나가 내 영감이자 보물이 된다.

영감을 모으는 방법

프랑스에 있으면서 내가 틈틈이 했던 일은 대본을 쓰는 일이었다. 항상 무대를 꿈꿔왔기에 내가 쓴 대본으로 멋진 공연 한 편을 만들어 내는 것이 나의 꿈이다. 떠나기 전엔 그런 생각이 들었다. 그림 같은 도시니까 나에게 수많은 영감을 쏟아지듯 흘려주겠지? 그 곳에 사는 것만으로도 나는 새로운 사람이 되어 예전과 달라진 나의 스타일이 생겨버릴지도 몰라.

사실 그런 건 마법처럼 팟 하고 생기는 것이 전혀 아닌데 말이다. 영감을 얻기 위해서는 내가 그 자세를 취한 채로 살아가야 한다. 열린 마음가짐과 매 순간을 낯설게 대하는 자세. 매일 매일을 그렇게 살 수는 없었기에 나는 날을 정해 그날은 내가 보고 듣고 느끼는 모든 것을 마음 속에 자세히 담아두려고 했다. 마트 직원의 미소 부터 산책하는 강아지들, 매일 만지는 밥솥 등등을 저장한다. 그러다 보면 그 모든 익숙하고 예상 가능한 하루의 패턴 중에 내가 쓰려고 하는 글의 부분과 얼핏 닮아 있는 부분이 보이기 시작한다. 그 때 나는 글을 써 내려가곤 했다. 작은 디테일이나 대사 한 줄일 때도 있지만, 정말 내가 쓰고 싶었던 문장을 쓰게 되는 날이 있는 것이다. 몇 시간씩 앉아서 무얼 쓸까 고민했던 날보다 이런 과정을 거쳤던 날의 글은 시원하다. 시간이 흐른 뒤에 읽어도 즐겁다. 내가 쓰기 위해서 써 내린 글자는 시간이 지나도 그 기억이 지워지지 않아 별로라 느껴질 수밖에 없다. 아직 그 꿈은 유효하기에 지금도 난 그런 하루를 만든다. 미래의 나에게도 잊지 말라고 쓰는 팁이다.

76일 전

잘 알던 곳이 새로워 보이는 날씨였다.
새롭고 아주 아주 멋져 보이기까지 했다.

290번째 에펠 탑

저 에펠탑은 참 신기하다. 매일 한 번씩은 보게 되는 아주 평온한 광경인데, 사진을 찍었을 때 우연히 그 곳의 풍경과 함께 찍히게 되면 마음이 뭉클해진다. 떠나기 두 세 달쯤 전의 사진인데, 센 강 주변을 걷다 갑자기 내가 그동안 매일같이 보는 이 풍경을 찍지 않고 지나치기만 했다는 사실이 떠올랐다. 그리고 보니 몇 달 남지 않아버린 워킹 홀리데이 생활에 파리 사진이 이렇게 없으면 나중에 너무 허무할 것 같았다. 그래서 가다 멈춰서 숨도 한번 고르고 사진도 찍었던 날이었다. 때마침 강 아래로 유람선도 지나갔다. 이 유람선을 처음 타고 다리 아래를 지나갈 때 사람들이 다리 위에서 손을 흔들며 인사를 해주던 모습이 다정했는데, 마침 그 사람들이 아래로 흘러간다. 여유로운 미소와 함께 손을 흔들었다. 몇 사람이 나를 보고 손을 같이 흔들었다. 여행을 하는 사람들이겠지. 이 풍경들이 너무 새롭고 멋지겠지. 잠시 나도 이 곳이 나에게 몇 일분인 곳이라고 생각해보았다. 날씨가 기가 막히게 좋았던 날인데다가, 바로 앞에 눈이 부신 센 강, 엽서 같은 풍경 위의 에펠탑이 있었더랬다. 지금 생각해보면 매일 사진을 찍어도 모자랄 풍경인데, 배가 불렀었지. 가끔 저 다리 위를 한 번만 걷고 싶다고 생각한다. 딱 하루만 저 도시에 다시 가고 싶다는 생각을 한다. 그만큼 멋진 곳 이였고, 꿈을 꾼 것 같은 시절이었다.

75일 전

좋아하는 노래 있어?
보통 이런 질문은 별 것 아니게 여길 수 있지만
사실 그 대답에서는 많은 것들을 알 수 있다.
어떤 분위기를 좋아하는지,
나와 얼마나 마음을 터 놓고 대화 중인지,
공감대를 형성할 수 있는 가능성이 있을지.

음악은 솔직하다.
좋으면 아! 좋다.
별로라면 흠… 듣자마자 반응이 갈리기 때문에 더 재밌다.
그래서 난 이 질문을 좋아한다.

좋아하는 노래 있어?

  도시락집에서 일하던 때의 이야기다. 작은 테이크 아웃 식당이었는데,
3명에서 4명 정도의 직원이 나란히 서서 밥을 담고 고른 메뉴들을 담고
디저트를 담고 음료수까지 챙겨 마지막에 계산을 하는 방식이었다. 나름
체계적인 분업화가 되어있었는데, 나는 처음 면접을 보던 당시에 프랑스
어가 가능하다는 사실 때문에 주로 손님과 대화를 해야 하는 마지막 파
트, 메뉴를 확인하고 계산을 해야 하는 곳에 서서 일하게 되었다. 그렇다
보니 포스기와 컴퓨터가 연결되어 있어 내가 그날 그날의 노래를 선곡해
야 하는 일이 잦았다. 젊은 직장인 손님들이 주를 이루고, 바쁜 점심때다
보니 적당히 비트가 있고 경쾌하지만, 또 너무 시끄럽지 않고 분위기 있
는 그런 노래들을 골랐다. 내가 좋아하는 한국 가수들의 노래를 자주 틀
었는데, 가끔 손님들이 이 노래가 어떤 나라 노래냐, 가수가 누구 냐고 물
어볼 때 그렇게 뿌듯할 수가 없었다. 비가 오는 날은 비가 오는 날과 어울
리게, 유난히 날씨가 화창한 날은 신나는 밴드 곡을. 매일 같은 일을 반복
하며 지루해질 법한 상황 속에서 내가 매일 선곡하는 노래들이 가게를 밝
힐 때, 참 좋았다. 마치 음악 감독이 되어 무대를 만들어 내는 듯한 느낌
도 들고 말이다. 그러면서 옆에서 일하던 언니 오빠들에게도 노래 취향
을 물어 신청 곡도 받곤 했는데, 좋아하는 노래를 틀자마자 마치 내 세상
에 온 듯 신난 아이 같은 눈빛들을 잊을 수 없다. 오늘의 선곡을 하자면,
백예린의 앨범을 듣고 싶은 날이다. 어떤 곡이라기 보다 그 앨범을 쭉 틀
어 놓고 싶은 그런 날이다.

74일 전

한국도 한 달씩 교통카드에 충전해서
환승도 맘대로 하고
잘못 내려도 맘 편하게 돌아갔음 좋겠다!

- 파리의 좋은 점 중 한 가지

그 교통카드의 이름은 나비고

파리에서의 교통카드가 어떤 의미 인지는 설명을 했으니, 저 나비고 한 장으로 할 수 있는 것들을 조금 이야기해주면 좋을 것 같다. 우선 공항까지의 거리가 꽤 되는 편인데도 추가 요금 없이 이용이 가능하다. 공항에서 표를 사려면 적어도 한화로 만원 중반대의 돈이 들어가는데, 나비고가 있으면 일주일에 세번도 공항을 드나들어도 된다는 것이다. 그리고 모든 지하철과 버스의 환승 뿐만이 아니라, 서울에서 지하철을 타고 가다 깜빡 졸아 한 정거장 지나쳤을 때, 역무원에게 멋쩍은 표정으로 '제가 역을 잘못 내려서…' 이런 말은 하지 않고서 얼마든지 다시 돌아갈 수가 있다는 장점이 있다. 그래서 그런지 나비고를 만들 때는 본인의 카드라는 것을 증명하기 위해 증명사진을 넣어야 하는 게 필수적인데, 이에 얽힌 사건이 있다. 동생이 나비고 카드를 잃어버려 새로 발급을 받을까 하다, 같이 일하는 누나가 안 쓰는 카드를 빌려준다 길래 그 카드로 남은 기간을 생활하던 중, 평화로운 지하철 안에 검표원들이 들이닥친다. 표가 없이 탑승한 사람이나 자신의 나비고를 들고 타지 않은 사람들은 가차없이 벌금을 내야만 했다. 동생은 자기 증명사진을 빌렸던 나비고 카드 위에 얹어만 놓은 채로 위기를 모면하는 듯 했지만, 꼼꼼한 검표원이 걸리는 바람에 겉에 있던 플라스틱 케이스를 벗겨 사진이 붙어있는 것 까지를 확인하고 말았다. 결국 50유로라는 거금을 내고 아직까지도 그 때를 후회하지만, 말도 안 되게 편리한 교통 카드였기에, 본전을 뽑기 위해 더 돌아다니는 수밖에.

73일 전

낯이 정말 길다.
해가 열 시는 되어야 지기 시작한다.
그렇지만 난 밤이 더 좋다.
하지만 낮이 길어 좋은 이유가 있다.
낮이 길면 어쩌다 밖을 봤을 때 해가 져 있을 확률이 낮아진다. 그렇게 되면 아직 하루가
조금 더 남았구나 생각이 들어 여유가 생긴다. 낮이 길어지면 집에 늘어져 있어도
'아직 해 떠있는 걸 뭐' 그런다.

나는 어두워야 바빠지는 사람이라
낮이 길어지니 여유가 많아졌다.

저녁 9시에 해가 떠있다면, 뭐라고 불러야 하지

여름엔 해가 길고 겨울엔 짧다는 건 상식적인 일인 듯하지만, 이렇게 해가 '많이' 길 줄은 상상도 못했다. 유럽은 봄이 찾아옴과 동시에 '서머타임' 이라는 제도를 돌입해 평소보다 한 시간을 앞당긴다. 서머타임이 시작하는 날이 참 인상적이었는데, 핸드폰 시간은 신기하게도 서머타임이 적용된 시간으로 알아서 맞춰지는 반면에, 집에 있는 벽시계는 우리가 수동으로 한시간을 당겨야 했다. 시간을 다스리는 사람이 된 것 같아 재밌었던 기억이다. 그렇게 당겨진 시간으로 지내다 여름이 다가오면 진풍경을 만나게 되는데, 해가 긴 여름 날은 밤 11시가 되도록 해가 떠있는 모습을 볼 수가 있다. 말 그대로 '지겹게' 해가 떠있는 것이다. 한국에선 여름에 해가 길어도 8시 9시 전에는 지곤 했는데, 칵테일 바에서 일하던 때엔 퇴근하고 11시가 다 되어 노을을 볼 수 있었던 날도 있었다. 나는 개인적으로 노을부터 노을 이후를 좋아하는 올빼미형 인간이라 밤이 되어야 바빠지고 의욕적인 모습을 보이는데, 파리에서의 여름은 여러모로 당황스러웠다. 덕분에 저녁에도 부담 없이 테라스에 앉아 여유도 부리고, 맥주도 마실 수 있었다. 햇살을 좋아하는 파리 사람들에겐 천국과 같은 여름 밤 공기가 그립다. 하루 종일 느릿느릿 살아도 해가 지지 않는 세계가 그립다. 밤이 두렵지 않은 파리의 여름이 가끔 생각날 때가 있다.

72일 전

반전이 있는 삶의 태도가 좋다.
평소에는 어떤 생각을 하는지 기분은 어떤지 잘 모르겠고,
좋은 게 좋은 거지 뭐. 하는 물컹한 사람 같이 느껴져도
좋아하는 일을 할 때, 내가 신이 나는 무언가에 빠져 있을 땐
세상 무엇보다 확실하고 단단한
'멋진 사람'이 되고 싶다.

요즘은 어떤 사람이 되고 싶은 지에 대해서도 생각한다.
취향 같은 사소한 것에서도 내 것을 찾게 되었고
정말 마음 깊은 곳이 꿈틀, 하는 그런 것들을 찾았다.
궁금하고 흥미로운 사람이 되고 싶다.
그렇지만 삶의 매 순간 사랑이 우선인 사람.

멋진 사람을 위하여

도시락 집에서 일을 시작했을 때, 이미 그 곳에서 일하고 있던 사람들을 관찰했다. 가장 가까운 곳에서 나랑 호흡을 맞췄던 J언니. 언니는 한국에 있을 때 연극을 했다고 한다. 실제로 배우를 만나볼 일도 없었지만, 같이 일을 한다고 하니 더 신기했다. 언니는 항상 일할 때 긴 머리를 높게 질끈 묶고 열심히 일하는 모습이 예뻤다. 언니는 내가 계산하기 직전에, 옆에서 디저트와 케익, 음료를 세트로 하고 싶은 지 물어보고 소스와 도시락을 차곡차곡 담았는데, 항상 손님들을 대하는 모습에 미소가 있었고, 불어가 능숙하진 않아도 거리낌 없이 손님과 대화를 나눌 줄 알았다. 멋진 사람들에겐 공통점이 있다. 좋아하는 것이 뚜렷하고, 흔들림이 없다는 것이다. 좋아하는 레스토랑이 있다고 자신 있게 이야기하고, 취향에 대한 대화를 부끄러워하지 않는다. 언니를 보면서 멋진 사람임을 느끼게 된 지점이다. 난 남들이 좋다고 하면 물 흐르듯 그런가보다 하고 따라가는 것이 편했는데, 어쩐지 그러고 나면 내가 좋아하는 것들을 정작 하지 못하게 될 때가 많았다. 그리고 그 사람들은 반대로 원하지 않는 것에 대해 정확한 의사를 밝힌다. 원하지 않는다거나, 동의하지 않는다는 식의 말들이다. 원하는 것과 원하지 않는 것. 나에게 그것이 무엇인 줄 알고, 드러내지 않아도 자연스레 나를 알게 되면 보이는 색깔이 있는 사람이 참 멋져 보인다. J언니 처럼 말이다. 언니는 아직 파리에 있을까, 아직도 멋지게 살고 있을까.

71일 전

음악이 주는 힘에 대해 생각해본다.

가슴 속에 어떤 감정들이 웅크린 채

나를 기쁘게 하거나 슬프게 한다고 하면

음악은 그것들을 일으켜 세워 움직이게 만든다.

그럼 난 조금 더 흔들리기 쉬운 사람이 된다.

그 때 모든 일이 일어난다.

그 작은 흔들림에 나는 사랑을 느끼기도 하고

단어 몇 개에 눈물이 터지기도 한다.

심지어 한 곡에 그 때 그 곳의 공기가 느껴지기도 한다.

마법이 있다고 생각해 본 적은 없지만

적어도 그것과 제일 비슷할 거다.

구석구석 음악이 흐르는 인생이면 좋겠다.

How to find true love and happiness

파리에 있을 때 밴드 혁오의 앨범 24: How to find true love and happiness 중 Graduation이라는 곡을 자주 들었다. 자주 들었다고 하지만 사실 정말 많이 들어서, 이 노래만 들으면 그 당시 길거리가 눈에 보이는 느낌이 들 정도로 좋아했다. 잔잔하게 시작하다가 마치 파도가 치듯 시원하게 터뜨리는 후렴부분이 딱 선선한 날 달릴 때 듣기 좋은 노래다. 이상하게 이 노래를 듣다 보면, 내 삶의 한 장면이 마치 영사기가 오래된 스크린을 비추듯 떠오른다. 그 장면은 매번 다른 시절로 나를 데려가는데, 같은 음악이지만 언제 어디서 듣는 지에 따라 다른 기분을 준다. 퇴근하던 어느 날 밤엔 이 노래가 다음 날을 살아가게 만드는 용기가 되었던 적도 있고, 주말에 집 청소를 하던 날엔 아무것도 하지 않아도 그저 기쁜 하루로 만들어 주기도 했다. 쓰다 보니 혁오 팬 인증이 되어버리는 것 같지만, 몇 개의 노래들이 나를 2년 전 그 때로 되돌아가게 만들곤 한다. 혹시 지금 이 글을 조금 더 재밌게 즐겨보고 싶다면 비슷한 시기에 즐겨 듣던 노래를 기억해내 보는 것도 재밌겠다. 내가 아닌 다른 사람들은 그 시절이 어떤 노래로 기억될 지 무척 궁금하다. 아니면 아주 오래 전 좋아하던 노래를 오랜만에 꺼내 듣는 것도 좋겠다. 그 노래는 분명 우리를 울릴 것이다. 움직이게 만들지도 모르고, 주저앉게 만들어버릴지도 모르지만, 감각이 주는 기억은 더 큰 무언가를 전달한다는 것이다. 그리고 그 무언가는 나의 무기력한 삶에 큰 활력을 줄 수 있다는 것, 이 책을 쓰게 된 데에 이 노래가 한 몫 했다는 것이다.

70일 전

날씨가 점점 더워지고 있다.
다행인 건 집에 해가 많이 들지는 않는다.
그렇지만 더운 건 너무도 싫기 때문에
미리 선풍기를 주문했다.

선풍기가 도착하길 기다리며
이번 여름 계획을 찬찬히 짜야겠다.

에어컨 없는 여름

여름에 없어서는 안 되는 것 중에 하나가 에어컨이다. 더운 걸 너무도 싫어하기에 여름이 두려울 지경이지만, 에어컨이 시원하게 틀어져 있는 집에 돌아오면 다시 힘을 내는 일상이 반복되는 것이 나의 여름이었다. 그런데 파리의 여름엔 에어컨은 허락되지 않았다. 커다란 상점이나 마트를 가지는 않은 이상, 그 냉기는 희귀한 것이었다. 사람들이 집에 대부분 에어컨을 가지고 있지 않았고, 그렇게 여름을 나게 된 이상 차선책은 '선풍기'가 될 수밖에 없었다. 언젠가 그런 말을 들은 적이 있었다. 여름에 선풍기를 미리 사 놓지 않으면 품절되어 구하기 힘들 정도로 인기가 많다는 것이다. 그래서 나는 조금만 더워질 기미가 보이면 바로 마트에 가서 선풍기를 구매할 준비를 하고 있었다. 아마 저 일기를 쓴 날이 그날인가 보다.

서둘러 커다란 선풍기를 하나 주문하고 나니, 여름이 실감이 났다. 그런데 사실 여름이 죽을 만큼 덥지도 않았다. 한국의 끈적하고 습한 더위를 떠올렸는데, 유럽의 여름은 오히려 강한 햇빛에 노출되어 있지만 않으면 꽤 버틸 만했다. 그늘이 제 역할을 톡톡히 해냈다. 그리고 몇 주 있다 진짜 여름이 시작되었을 무렵, 마트에 갔다 놀라운 광경을 목격했다. 커다란 가전제품 매장에 선풍기 코너만 텅텅 비어 있는 광경을 말이다. 여름은 누구에게나 여름인가 보다. 다가오기 전엔 두려웠고 지금은 지나가버린 계절이지만, 지나고 나면 알 수 없는 그리운 마음이 드는 것이, 많은 것을 닮았다.

69일 전

이곳 사람들은 테라스를 참 좋아한다.

조금이라도 날씨가 따뜻하다 싶으면 모두들 테라스로 나가 커피나 맥주를 마신다. 전엔 밖에 앉아 있으면 혹시라도 바람이 많이 불어 춥다고 느낄 수도 있으니, 해가 너무 뜨거우면 너무 더울지도 모르니, 아주 어쩌면 하늘이 갑자기 흐려져 비가 올지 모르니 테라스에는 잘 앉지 않았다.

왠지 모를 안정감 비슷한 것 때문이었다.

그러나 사실 그런 사소한 걱정은 중요치 않다.

날씨가 아주 선선하고 좋은 지금 이 순간

밖에 앉아 커피를 한 잔 시키면 그만인 것이다.

지금 이 빛나는 날씨를 만끽하려면 사소한 걱정들은 넣어두어야 한다. 이 곳의 사람들은 그 사실을 아주 잘 아는 것 같았다. 기분 좋은 지금 이 순간의 나와, 선선한 바람과, 따스한 햇살이 있을 뿐이다. 그 다음이 어떨지는 우리에게 그다지 중요한 사실이 아닐지도 모른다.

그 순간들을 행복이라 부를 뿐이다.

아무것도 하지 않아도 되는 곳

파리를 떠올리면 가장 먼저 생각나는 모습이 있다. 오후 햇살을 맘껏 느끼며 카페 밖 테라스의 작은 나무 의자 위에 친구, 연인, 동료 나란히 앉아 하루 있었던 일들을 늘어놓는 열띤 모습이 떠오른다. 손에는 와인 한 잔, 혹은 작은 에스프레소 잔을 든 채, 언제 내려 놓을 지 알 수도 없게 긴 이야기들을 나눈다. 그 모습이 난 참 행복해 보였다. 그저 우리에게 주어진 짧은 오후 나절을 좋아하는 사람들과 함께, 반려동물과 함께 오롯이 즐기고 있다는 느낌을 주었기 때문이다. 나도 그 모습이 좋아 파리에 있을 땐 항상 테라스 자리에 앉곤 했었는데, 처음엔 옆 사람과 지나치게 가깝거나 의자가 불편해 오래 앉아있지 못했는데, 앉아 있다 보니 바람도 불고, 햇살도 느껴져 자꾸 이야기 하고싶게 만들었다. 지나다니는 사람들을 구경하다, 귀여운 강아지들과 인사하고, 지금의 감정에만 충실하다 보니 그 자리가 주는 행복감을 깨달았다. 언젠가 다시 그 테라스에 앉아 아무것도 하지 않음을 할 수 있을까.

68일 전

1년에 한 번씩 이곳에서는 음악 축제가 열린다고 한다.

동네별로 각각 여러 장르의 음악을 크게 틀고 즐긴다.

손에는 와인 한 잔 칵테일 한 잔 들고서 듣고 싶은 음악을 들으러 각자의 여정을 떠난다.

축제라고 하니 왠지 들뜨기도 한다. 축제라는 단어는 모두를 설레게 하나보다. 길거리의
사람들의 입에선 내일의 축제에 대한 이야기가 들린다. 어떤 곳에 갈지, 가서 어떤 음악을
즐길지. 난 아마도 내일은 일을 하며 그 사람들을 맞이할 것 같다. 왠지 축제의 한 부분이
될 수 있을 것 같아 기분이 좋다. 모두가 즐거우면 좋겠다.

나도 그렇지만 그냥 길거리의 사람들이 즐거워 보이는 게 좋다. 깔깔 웃고 떠드는 사람들
을 보면 나까지 행복해진다.

그래서 내일의 축제가 기다려진다.

축제가 열리잖아, 거리로 나가자

파리와 모든 프랑스의 도시들에서는 1년에 한 번씩 음악 축제가 열린다. 모든 장르의 음악들을 길거리에서 감상을 할 수 있고, 공연을 하기도 하고, 가게에서도 크게 음악을 틀어 사람들이 모여 춤을 추고 노래하는 모습을 볼 수도 있다. 그 축제를 할 당시에 나는 칵테일 바에서 일을 하고 있었는데, 사장님이 직접 DJ도 섭외를 해서 타임 테이블을 짜 홍보를 몇 일 전부터 했다. 처음 겪어보는 축제라 들뜬 마음으로 출근했다. 저녁이 되고 해가 저물 무렵, 섭외한 DJ들이 데크에서 노래를 하나 둘 선곡을 해 나가기 시작했고, 사람들이 어마어마하게 가게를 찾았다. 아마 오픈하고 가장 바쁜 날이 아니었나 싶다. 그날은 우리가 감당할 수 있을 만한 쉬운 안주 류 정도만 메뉴판에 올려 두고 술을 열심히 팔았다. 정말 하나같이 다들 칵테일 잔과 와인잔을 들고 가게 안에서 음악을 감상하다 흥이 올라 밖으로 나가 삼삼오오 춤을 추기도 했다. 우리 식당에서는 주로 EDM을 틀었는데 일하면서도 신나는 마음을 감출 수 없었다. 퇴근하자마자 앞치마를 벗고 같이 밤 늦게까지 언니와 맥주를 마셨다. 지금은 너무 낯설어져버린 축제라는 단어가 글을 쓰는 지금도 나를 설레게 한다.

67일 전

한바탕 소란했던 축제가 지나가고 나면
한바탕 고요가 남는다.
쿵쿵대는 음악소리와 시끄러운 사람들을 떠난다.
그래도 여전히 북적거리는 지하철, 웅성이는 출구.
그러다 도착한 집 앞 골목.

그 곳엔 어떤 소란도 없다.
주황색 가로등 불빛만이 흐르는 골목길엔
두 아이들과 놀고 있는 강아지 한 마리뿐이었다.
한 아이가 작은 고무 공을 벽으로 툭 던진다.
툭, 툭
재빠르게 쫓아가는 강아지의 발자국 소리.
타다다
축제가 끝나간다.
집으로 갈 시간이다.

축제가 끝나고 난 뒤

축제가 끝나고 난 동생을 만나 같이 집으로 향했다. 한참을 걸어 집에 가까워 오니 방금의 일들이 꿈같이 느껴질 만큼 도시가 조용해졌다. 일하고 놀기도 하다 보니 몸은 피곤해질 대로 피곤해져 있었고, 어서 집으로 가서 씻고 눕고 싶은 마음이었다. 원래 놀 때는 힘든 줄 모른다. 그래도 아쉬운 마음에 집에서 우리끼리 마무리를 하기로 하고, 간식거리를 좀 사갔다. 시원하게 씻고 나와 만두를 몇 개 굽고 술은 아까 많이 마셨으니 와인잔에 탄산음료를 대신해 따랐다. 그리고 같이 챙겨보던 TV 프로그램을 다운받아 보며 우리 나름의 축제를 마무리하는 의식(?)을 가졌다.

아까의 소란스러운 축제의 가운데도 물론 즐거웠다. 친구와 그 친구의 친구까지 모여 잔을 부딪히고 통성명을 해가며 떠들썩하게 노는 것도 좋았지만, 나는 사실 이 아름다운 고요가 취향에 맞는다. 동생과 별 말 없이 한인 마트에서 사온 익숙한 맛의 만두를 먹으며, 과자를 까먹고 작은 노트북 화면을 응시하며 비슷한 지점에서 웃는 그런 시간 말이다. 나에게 축제는 그 화려한 시간을 마무리하는 고요한 순간 까지를 포함한 모든 시간을 뜻한다. 다시 돌아온 집, 익숙한 동네의 모습. 그 모든 것들이 내 축제의 일부이다. (참고로 내 MBTI 앞 글자는 I이다…)

66일 전

몇일 뒤면 엄청난 폭염이 찾아온다고 한다.

아주 선선한 저녁에 들은 그 소식은
마치 먼 나라의 소식을 듣는 기분과 비슷했다.

그렇지만 몇일 뒤에는 뜨거운 태양 아래서
시원하던 오늘 저녁이 까마득할까.
여름이 성큼성큼 다가와 우릴 덮치려 한다.
대신 (아주 더울지도 모를) 날들이 줄어간다.
아직은 선선한 여름 밤이라 다행이다.

어쨌든 우리에게 휴가를 다오

글을 쓰는 지금도 여름이 지나간 지 얼마되지 않은 때라 더운 날들에 대한 이야기들을 써내려가는 데에 약간의 노력이 필요하다. 파리에서 보냈던 여름은 생각만큼 덥지는 않았지만, 그들은 여름 휴가 준비를 했다. 여름의 휴가가 프랑스인들에게 어떤 의미인지 생각해보자면, 삶의 의미? 1년 중의 최고. 그 정도로 진심이다. 그 때엔 길을 걷다 보면 식당들은 물론, 은행도, 병원도, '휴가 떠납니다' 써 붙이고 문을 닫는다. 유럽의 여름이 한국보다 낭만적으로 느껴지는 이유는 아마 여름 휴가철이 있기 때문이지 않을까?

그렇게 파리를 벗어나 남부의 작은 도시들로 떠나 바닷가에 몸을 담그고 피부를 태우고 오는 것이다. 쉰다는 것이 일을 하는 이유인 그들은, 여름 뿐만 아니라 크리스마스에도, 각종 종교적인 날 들에도 꼭 휴가를 덧붙인다. 그리고 그 다음 휴가를 또 바라보며 출근하고 일상을 사는 것이다. 쉬기 위해 일합니다. 그 곳에선 나쁘지 않은 일할 명분이 되어준다. 물론 그러느라 많은 기관들의 처리속도가 한 층 더 느려지고, 먹으러 간 식당이 닫아서 찾아간 다른 식당도 문을 닫아버릴 지도 모르지만, 그 곳에서 일하는 모든 사람들은 기계가 아닌 사람이니 쉬는 게 맞다. 그렇게 말하며 바라본 달력에는 연휴라고는 3일밖에 없지만, 나행히 주말이 도와준다. 연휴와 주말. 이 조합 최고야! 어쨌든 쉬자!

65일 전

드디어 선풍기가 도착했다.

한국에 있을 땐 사방이 에어컨, 집에 와도 에어컨이라

선풍기의 소중함을 잘 몰랐는데, 여기선 에어컨이 너무도 귀하기 때문에

집에 선풍기가 꼭 필요했다.

지금은 마트에 가면 선풍기 코너가 텅텅 비어 있다.

사람들이 남은 하나까지 모두 사가서 그렇다고 한다.

세상에, 내 선풍기가 정말 소중해진다.

선선한 바람을 맞으며 침대에 누워있으니 여름이 전보다는 조금 덜 무섭다. 올 여름은 이 아이와 하루 종일 함께 해야지. 드디어 우리 집에도 선풍기가 생겼다.

신난다!

어느 여름날의 이야기 1

주말 일과는 이렇게 시작한다. 시원한 선풍기 바람 위에 따뜻한 햇살이 등에 얹어지는 포근한 기분으로 눈을 뜬다. 가장 먼저 창문을 열어 오늘의 날씨와 공기의 감촉을 어림해 본다. 우리 집은 5층인데 건너편 집의 한 칸 아래에 있는 창문이 열려 있는 걸 보았다. 까만 그림자 같은 것이 창틀에 드리워져 있는데, 잠이 덜 깬 눈을 크게 뜨고 보니 까만 고양이가 누워 있었다. 주말에는 창 밖을 보는 시간이 길어진다. 고양이를 오래 바라보다 보면 시선을 함께 움직일 수밖에 없다. 그 아이가 움직이면 나도 따라 간다. 조금 낮은 옆 집의 지붕 위로 햇살을 따라가 기지개를 켠다. 주말에는 꼭 앞 집의 까만 고양이를 구경하는 버릇이 있다. 그러다 보면 어느덧 점심을 먹을 시간이 가까워 오고, 고양이도 사라진다. 그리고 아직 잠에서 깨지 않은 동생을 깨울까 잠시 고민한다. 조금 더 자도록 두는 게 좋겠다. 가벼운 몸으로 약간의 동전을 챙겨 집 앞의 빵집을 들리려 마음먹었다. 우리 집 앞에는 세 군데 정도의 빵집이 있는데, 내가 가장 좋아하는 곳은 그 중 크로와상이 제일 맛있는 골목길 코너에 위치한 빵집이다. 주인 아주머니는 꽤나 시크한 성격이지만, 내 얼굴을 이제 좀 아시는지 인사하면 밝게 받아 주신다. 동생이 일어나기 전에 아침을 사러 나가야겠다. 아침이라기 보다는 점심에 가깝지만.

64일 전

가만히 있어도 덥다.

어떡하지

어느 여름 날의 이야기 2

1유로는 사실 우리 돈으로 천원이 넘는다. 대신 1유로는 작은 동전이다. 그리고 빵집에 가서 크로와상 한 개를 사기 위해선 딱 그 정도의 돈이 필요하다. 그래서 우리가 장을 보고 남은 거스름돈을 차곡차곡 모아두다 보면 금세 주말 아침 값을 마련할 수가 있다. 그 기분이 꽤나 뿌듯하다. 동전을 몇 개 챙겨 점원의 손에 물물 교환을 하듯 넘겨주면, 내 손에는 아침에 막 만든 따끈한 크로와상이 생기는 것이다. 그리고도 돈이 남으면 집에서 가장 가까운 마트로 가서 오렌지 주스를 하나 사 들고 돌아가는 것이다. 마트에서 지금 제철인 과일들이 무엇이 있는지, 다음에 먹어보고 싶은 시리얼을 찜해 두며 괜히 한바퀴를 빙 둘러서 나온다. 나오는 길에는 산책을 나온 강아지들을 종종 만난다. 신기한 건 지나가는 강아지들의 목줄을 따라가 주인의 얼굴을 보면 놀랄 만큼 둘이 닮았다는 걸 느낀다. 나와 비슷한 것들에 끌린다는 말이 사실인가 보다. 그런 주말의 풍경들은 나로 하여금 하루를 계획하고 싶게 만든다. 어딘가 푸른 잎사귀가 많은 곳으로 떠나고 싶게 만들고, 내가 좋아하는 버블 티를 마시러 가고 싶어진다. 그 일렁이는 기분이 좋았다. 낯선 도시가 익숙해져 주말이 온전히 밀려오는 그 기분이 좋았다. 그 해 여름은 유난히 떠나기가 아쉬웠다.

63일 전

이 곳에 있으면서 난 한가지 변한 게 또 있다.
나는 원래 지하철을 선호하는 편이라 버스를 탈 일이 거의 없었다.
그런데 이 95번은 내가 있는 모든 곳을 다닌다.

일하러 갈 때도 95번을 타면 한 번에 가고
좋아하는 루브르 앞도 지나고
자주 가는 버블 티 집 근처도 지난다.
그러다 보니 은근히 버스에, 아니 이 95번에 정이 좀 들었다.
퇴근할 때도 훨씬 빨리 도착할 수 있는 지하철을 두고
이렇게 버스 정류장을 들르게 된다.
그리고 심지어 지하철 역보다 더 우리 집과 가까운 곳에 내릴 수 있다.
시간이 조금 더 걸리지만 그래도 좋다.
사실 버스가 아니라 95번이 좋은 걸 지도 모르겠다.

마침 버스가 온다!

95번 버스를 기다리던 중

지금도 난 버스를 자주 탄다. 95번이 나에게 준 새로움이 아직 남아있다. 버스를 타면 정류장마다 다른 사람들이 타고 내린다. 학교 앞을 지날 때, 루브르 앞을 지날 때, 센 강변을 지날 때. 타고 내리는 사람들을 보고 있으면 그들의 일상이 몸에 닿게 느껴진다. 어떤 하루를 살고 있다 이 버스에 몸을 싣게 되었을까, 어디까지 가는 걸까. 이런 생각들을 하다 보면 금세 목적지에 다다르곤 했다. 여행을 가게 된다면 꼭 동네 구석구석을 다니는 버스를 타보기를 권한다. 새로운 도시의 낯선 모습 사이의 사람들은 의외로 나와 비슷한 삶을 살고 있을지도 모른다. 그 사실에서 오는 의외의 동질감이 여행을 더 빛나게 한다. 지구 반대편의 사람들도 오늘을 살아간다는 것. 다음에 여행을 가게 된다면, 95번 버스를 타고 내가 살던 집의 그 정류장부터 내가 좋아했던 거리들을 지나고 싶다. 지금도 그 곳엔 내가 없을 뿐 풍경을 만들던 사람들은 여전히 거기 있겠지.

62일 전

미칠듯이 찌는 지하철 안이었다.

에어컨이라곤 없고 기껏 열어 놓은 작은 창문 틈으로

미세하게 들어오는 바람으로 한숨 한숨 내쉬고 있었다.

그렇게 출발한 지 얼마 지나지 않아 얼핏 엄마와 아들처럼 보이는 두 사람이 우리에게

샤를드골 에투알 역이 어디냐 물었다. 지하철 안이 너무 찜통 같아 내가 혹시 잘못 탔나

생각해 봤지만, 우리가 방금 전 탄 그 역의 이름이었다.

잠시동안 인상을 찌푸리며 생각을 하다, '우리가 방금 지나쳐 온 역이야'… 대답을 하고,

이상하다 생각하며 다음 역에 내렸다. 상기된 동생의 표정을 보고 물었더니, 옆에 있던 여

자가 자기 바지 주머니에 손을 넣고 있더랬다.

아차 싶었다. 우리 지금 파리에 있구나.

손을 넣었는데 손이 있었다

아름다운 도시 파리는 안타깝게도 백 퍼센트 즐기기는 조금 어렵다. 두 팔 벌려 크게 사진도 찍고, 넋을 놓은 채 멋진 도시의 풍경들을 감상하면 좋으련만, 찰나의 손길들은 우리를 그렇게 두지 않는다. 지하철 안에서는 가방을 꼭 쥐고 있지 않으면, 언제라도 소매치기의 목표가 될 수가 있다. 그런데 오히려 그 말들에 겁을 먹고 온갖 장비를 이용해 가방을 꽁꽁 잠그고 핸드폰을 연결해 놓아도, 되려 더 여행객임을 티 내는 꼴이 되어 집중 공격을 당한다고 하는 이야기도 들었다. 결국 언제든 내가 방어할 수 있는 모양새의 가방을 챙겨 보호태세를 갖춘 채로 다녀야 한다는 것이다. 처음 몇 달 간은 우리도 그 사실들에 긴장하고 잘 챙겨 버릇했지만, 사고는 방심할 때 벌어진다고 하지 않았던가. 동생은 크리스마스 무렵에 코트 속에 넣어 둔 핸드폰을 아무것도 모른 채 도난당했다. 지하철에서 가끔 누군가 저렇게 터무니없는 질문을 한다거나, 다른 곳에 자리도 많은데 굳이 내 앞에 와서 비켜 달라는 몸짓을 하며 밀치거나, 무언가를 주워 달라고 한다면 가방을 꼭 잡자. 주머니는 이미 아무것도 넣어서는 안 되는 공간이니 생략하겠다. 이렇게 말하니 너무 겁을 주는 것 같지만, 이런 부분들에 완벽히 방어(?) 기제를 갖춰야만 아름다운 도시 파리를 80프로 정도는 만끽할 수 있으니, 유용한 조언 정도라고 생각해두면 좋겠다.

61일 전

바에서 같이 일하는 언니와 주방이 너무 덥다며 불평하던 와중 언니가 이런 얘기를 했다.
언니의 아빠는 지금 아주 더운 곳, 여기와는 비교도 안 되게 더운 나라에서 일한다고 했다.
그래서 어느 날 전화를 하다 이렇게 더운 날들은 어떻게 견디나, 작은 조언은 없냐 물었다고 했다. 그러자 언니의 아빠는,

'온도를 보지 말고 그냥 포기해, 다 지나갈 거니'
라는 대답을 했더랬다. 그 땐 그냥 그게 뭐냐 하며 둘이 웃고 넘겼지만 생각해 보니 그랬다. 여름 아침에 일어나 제일 먼저 하는 건 오늘이 얼마나 더운 지 숫자를 보며 확인하는 일이었다.
그런데 그냥 그런 숫자들을 잊어버리고, 느끼는 그만큼만 받아들이며 지나 보내는 것. 어차피 지나갈 더위, 지나갈 여름이니 내가 느끼는 것 까지만. 딱 거기 까지만 덥기로.
사계절 중 하나인 여름이니까. 지나갈 게 분명하니까.
웃어 넘긴 지 5초정도가 지나니 머리가 띵했다.
난 방금 여름을 나는 법을 알아버렸다.

온도는 숫자에 불과해

 어른이 된다는 건, 수많은 인생의 난관들을 헤쳐 나가는 나만의 방법이 생길 때가 아닐까 싶다. 이를테면 더위를 내 힘으로는 이길 수 없으니, 지나가도록 만드는 언니 아버지의 조언처럼 말이다. 별 것 아니라고 느낄 수도 있겠지만, 그 사실을 알고 있는 사람과 아닌 사람이 문제를 대하는 자세는 180도 다를 테니. 아침마다 확인하는 날씨를 보며 우린 적힌 숫자만큼의 추위와 더위를 느끼곤 한다. 의외로 덥지 않은 날들도, 춥지 않은 날들도 있지만 그 사실보다 그 숫자들이 나의 하루를 지배하게 되는 것이다. 하루하루를 나의 감각으로만 채우는 것은 생각보다 어려운 일이다. 어떤 문제를 바라볼 때 유튜브의 댓글과 뉴스 헤드라인의 잔상이 아닌 나의 관점을 갖기 어려운 것처럼 말이다. 작은 행동에도 왜 라는 질문을 던지고 살아가며 해결해내는 사람이 되는 것, 수많은 정답들의 파도 속에서 나의 답을 고를 수 있는 사람이 되는 것이 나이를 먹어가는 것보다 중요한 일이 아닐까.

60일 전

이 곳의 좋은 점 중 또 하나는 이들의 인사법이다.

누군가를 만나면 반갑게 양 볼을 한 번씩 마주 대며

쪽 소리를 내며 서로의 안부를 묻는다. 처음엔 처음 보는 누군가와 살을 맞댄다는 느낌이

어색했지만 이보다 더 가깝게 교감하는 인사가 있을까 싶다.

살을 맞대 누군가와 인사를 나누고 나면, 금방 그 사람과 이야기를 나누고 싶어지고, 이야

기를 나누다 보면 금방 서로에 대해 궁금한 점들이 풀리게 된다. 그렇게 친구가 되기도, 사

랑하는 누군가가 되기도 하는 것인가 보다. 어쨌든 사랑이 느껴지는 모든 것들은 우리 삶

을 풍요롭게 한다.

이 짧은 인사 속에서 사랑을 느낀다.

새삼스레 사랑을 생각해보았던 하루다.

인사가 제일 어려웠어요

볼을 맞대며 쪽 소리를 내는 비쥬 라는 프랑스식 인사법을 처음 해보게 된 건 다른 사람도 아닌 나와 같이 일하던 언니의 남자친구였다. 유교 국가에서 나고 자란 내성적인 인간은 이 상황에 쉽게 적응할 수 없었다. 셋이서 만나 같이 점심을 먹고 나는 동생과 약속이 있어서 먼저 가봐야 했기에 인사를 하고 떠나려는데, '비쥬 안 해?' 라는 언니 남자친구의 말에, 언니가 웃으며 볼을 부딪히라는 무언의 신호를 나에게 주었다. 순간 내 앞에 일어날 일들과 엄청난 쑥스러움에 휩싸일 내 모습을 생각하니 얼굴이 빨개지는 것 같았다. 그렇지만 이런 상황에 얼굴이 빨개지는 것도 이상한 것 아닌가. 정신을 차리고 내 안의 여유를 모두 끌어 모아 최대한 자연스러운 척하며 볼을 가까이 대는 모습만 보여야지 했다. 그런데 나를 동그란 눈으로 쳐다보는 언니의 남자친구. 아. 이게 아니었나 보다. 언니가 옆에서 꺄르르 웃으며 진짜 볼을 대야 한다고 했다. 정말 친한 친구끼리도 어색해 살 부딪히기 부끄러운데, 내 인생 최대의 고비였다. 에라 모르겠다 하는 마음으로 볼을 한쪽, 그리고 반대쪽도 맞대어 간신히 인사를 해낼 (?) 수 있었다. 그 느낌이 처음엔 너무나 어색해 잘 가라고 손 흔드는 와중에도 쑥스러운 기분에 괜히 빨리 걸음을 재촉해 갔다. 난이도 최상의 첫 비쥬를 성공리에 마치니, 그 뒤로는 점점 익숙해져, 나중엔 안 하면 허전하기도 했다.

낯선 도시에 비해 따뜻했던 인사는 조금 더 이 도시에 대해 알아가고 싶다는 느낌이 들게 만들었다.

59일 전

차가운 물 3: 따뜻한 물 1의 비율로 욕조를 채우고
목까지 몸을 쭈욱 밀어 넣고 눈을 감으면

마치 바다에 온 것 같은 느낌이 든다.
하루 종일 더위에 지친 몸이 여름을 잊는다.

수영장에 가지 않고도,
바다를 보러 여행을 떠나지 않아도 된다.

매일 저녁을 기다리는 이유다.

욕조 안에 바다를 옮겨 담는 법

욕조가 있는 집에 살아본 지가 오래되었다. 본가는 오래된 주택인데 욕실에는 욕조가 없었고, 자취를 하면서는 작은 화장실 안에 겨우 샤워 부스가 들어가 있는 모습만 봐서 그런지, 널찍한 화장실에 욕조까지 있는 우리 집 화장실이 멋져 보였다. 그런데 나는 사우나에 가도 탕에 몸을 10분 이상 담그는 걸 힘들어하는 편이라 욕조에 대한 갈증이 크진 않았다. 그런데 이 욕조를 완벽하게 사용해내는 방법을 살면서 터득했는데, 바로 저 글에 써진 비율로 물을 채우는 것이다. 그리고 물은 가득 차 있기 직전까지. 그렇게 몸을 담그면 차갑지만은 않고, 더위에 데워진 내 몸이 움직일 때마다 물이 약간씩 나의 체온과 맞춰지는 느낌이 든다. 그 느낌이 마치 한여름에 뛰어든 바닷가의 온도와 비슷하다. 난 물놀이할 때 잠수하는 걸 좋아하는데, 머리 끝까지 물 속에 들어가 모든 부위로 물을 느끼는 기분이 너무 좋다. 이 욕조가 나에게 딱 그런 느낌을 준다. 단, 여름 한정의 즐거움이다. 따뜻한 물에 몸을 담그는 데엔 취미가 없으니 이런 방법을 종종 이용해 여름을 났다. 너무 뜨겁지도 차갑지도 않은 온도가 좋다. 내 몸이 물과 만났을 때 어색하지 않을 정도의 온도를 즐긴다. 그런 의미에서 내 몸 하나가 푹 담길 정도의 욕조가 있는 집에 살고 싶다. 잠수하고 싶은 날 마음껏 잠길 수 있는 그런 욕조가 갖고 싶다.

58일 전

결국 다 지나가구나 싶었다.

기뻤다.

머무는 것은 아무것도 없어

지나가는 것들을 바라보며 살아간다. 기쁨도 지나가고, 슬픔도 지나간다. 나에게 머무는 것이 없다는 걸 시간이 지나면서 깨닫는다. 파리에서의 1년이라는 시간도 낭만같이 지나갔다. 그리고 벌써 3년이 흐른 뒤의 지금이다. 그 때를 추억하며 글을 쓰고 그 때와 지금의 내가 같은 마음이길 바라지도 않지만, 지금의 나는 또 다른 사람이 되어가고 있고, 담긴 것들은 그 때와 달라졌다. 이제는 3년 전의 내가 지나가고 남은 자리가 보인다. 그 때의 일상들이 지금은 너무나 여행처럼 느껴진다. 생각 없이 걸었던 거리는 그림이 되었고, 매일같이 탔던 버스 창가에는 3년전의 내가 아닌 그 때를 그리워하는 지금의 내가 앉아있다. 그 풍경들을 여행이라고 하는가 보다. 새로운 곳에 가서 느끼는 떨림과 두근거림은 몇일 되지 않아 익숙한 모습으로 내 앞을 지나간다. 그 때는 아무것도 잡지 못한다. 그러다 여행이 모두 끝나고 한참이 지나서 그 찰나를 떠올릴 때, 그 사이 많이 변해버린 내가 그 자리에 다시 앉았을 때, 비로소 완성되는 것이 여행이라는 생각이 들었다. 그래서 지나가도록 두는 것이다. 모든 것을 다 담을 수 없다면, 지나가는 것들을 그저 바라보는 것이다. 여행은 짧지 않기에.

57일 전

여행 중 제일은 기차 여행이고
조금 전 나는 모네의 마을 지베르니로 향하는 기차를 탔다.
1시간도 안 걸리는 짧은 거리지만 마음은 왠지 어딘가 멀리 여행하는 기분이 든다.
출발 전 샌드위치도 하나 든든히 먹었고, 작은 모엘르쇼콜라도 하나 사서 챙겼다.
비록 자리가 없어 칸과 칸 사이에 앉아서 가지만 날씨도 오랜만에 참 시원하고
7월 여름향은 짙다.

멋진 시집도 한 권 챙겼다.
단어와 단어 사이에 지금 내 기쁨도 넣어 두어야지.

여행 가기 좋은 날이다.

여행 중 제일은 기차 여행

기차역으로 가는 길에 우리는 괜히 여행가는 티를 내곤 했다. 조금 더 들뜬 모습으로 이야기를 했고, 지도를 자주 들여다보았다. 그리고는 주변에 우리처럼 기차역으로 향하는 사람이 있을까 두리번거리기도 했다. 우리는 북역에서 기차를 탔어야 했는데, 북 역에 도착하니 지하철에서 보던 모습과는 전혀 다른 풍경이 펼쳐지고 있었다. 이른 휴가를 떠나기 위해 크고 작은 짐가방을 맨 사람들과 움직이는 발걸음들이 가득했다. 표를 미리 끊어 둔 덕에 시간이 좀 남아 샌드위치를 먹기로 했다. 따뜻한 바게트 사이에 햄과 치즈, 버터가 들어있는 샌드위치 두 개를 샀다. 그리고는 점원이 디저트는 필요 없냐는 형식적인 질문을 던졌는데, 오늘따라 쇼케이스 안에 있던 모엘르 쇼콜라가 맛있어 보였다. 평소에 하지 않았던 행동들 하나하나가 모여 여행이 되는 것이기에 같이 달라고 했다. 디저트까지 다 먹고 나니 전광판에 우리가 타야 할 기차에 불빛이 들어와 있었다. 움직여야겠다. 한껏 여유 부리며 기차에 올랐더니 웬 걸, 자리가 하나도 없는 것이다. 지정된 좌석으로 표를 끊지는 않았지만, 좌석이 하나도 없을 줄이야. 여행이 실감났다. 그렇게 기차 칸과 칸 사이에 동생과 자리를 잡고 나서도 사람들은 계속 탔다. 가득 찬 사이 칸에 동생과 나란히 바닥에 앉았고, 어찌 됐든 탈 수만 있으면 표를 허락해주는 그들의 아량에 감탄하다 보니 기차가 출발한다. 천천히, 느린 속도로 출발한다.

56일 전

놀라운 경험을 했다.

분명 난 모든 것을 내 눈으로 보고 있었는데. 어떤 부분은 꼭 그림을 보는 것 같았다.

모네의 그림들을 떠올려보았다.

부서지는 햇살 눈 부셔 일렁이는 세상. 날씨가 아주 좋아 햇살이 많은 곳에 닿았다. 그 그림들을 그렸던 날들도 이랬을까. 사방이 빛… 빛이고 그 다음이 세상이다. 초록이 많은 세상. 그리고 내가 살아있는 것이다.

나는 한참 뒤로 물러날 수밖에 없었다.

이 날은 왠지 그랬다.

내 앞의 모든 것들이 날 멈추게 만들었다.

살아있어 기뻤다.

지베르니, 모네 그리고 정원

그렇게 도착한 지베르니 역에는 뜨거운 햇살이 우리를 반겼다. 역에 도착해 우리는 지도를 따라 모네의 정원으로 향했다. 이 여정은 저 사진 속의 장면이 모든 것을 설명할테지만, 그날의 기억들은 특별했다. 관광을 온 사람들이 정말 많았고, 각국의 언어의 가이드들의 목소리가 들리는 와중에 어떤 목소리가 자꾸 반복되었다. 어떤 할아버지를 찾는 목소리였는데, 가족은 아닌 듯했고, 그 사람 주변엔 비슷한 나이대의 지긋하신 할머니 할아버지들이 휠체어를 탄 채 그 할아버지를 기다리고 있었다. 우리와 동선이 비슷해 자꾸 그 목소리를 듣게 되었는데, 아마 요양원에 계시는 직원 분들인 듯했다. 그 분들의 안내에 따라 마치 어린이집의 아이들처럼 줄 지어 정원을 구경하는데, 그 분들의 들뜬 눈빛과 목소리, 웃음소리가 기억이 난다. 어쩌면 이렇게 멋진 풍경을 볼 수 있을까, 정말 사랑스럽다. 수많은 감탄사를 내뱉으며 정원을 거니셨다. 물론 그 풍경이 말도 안 되게 아름다웠기도 했지만, 그 아름다움을 누구보다도 순수하게 표현하는 할머니 할아버지들의 모습이 정원을 더 빛나게 했다. 나에게 저 꽃도 좀 보라며 알려주던 할머니, 앞이 거의 보이지 않으셔서 자꾸 멈추어 풀잎을 쓰다듬어보던 할아버지에게 이 정원은 위대한 화가의 영감이 되었던 정원이라 좋은 곳이 아니라, 그저 눈부시게 아름다워 좋은 곳이 지 않았을까.

55일 전

이제야 겨울 옷을 정리한다.

6월까지만 해도 이유없이 쌀쌀한 날이 있어 택배를 잠시 미뤘었다.
그리고 이제야 옷장에서 겨울 옷을 꺼내 상자에 담는다.

그리고 나면 떠날 날은 한 걸음 더 가까워져 올 테고
우리에겐 뜨거운 여름이 남을테고
집안 가득 반가운 손님을 맞는 웃음 소리가 필 예정이다.
차곡 차곡 잘 개어서 겨울을 정리한다.

벌써 겨울이 기다려진다.

이 곳의 여름은 괜찮아

우리의 여름 계획은 나름 탄탄했다. 엄마와 이모가 파리에 놀러 온다는 소식을 듣고 분주하게 계획을 짰던 덕분에 파리의 유명한 관광지들을 정말 놀러가는 심정으로 한 번씩 더 가볼 수 있게 되었다. 누군가 파리에 놀러 온다면, 정말인지 예쁜 이 도시를 자랑할 생각에 대신 설레곤 한다. 파리는 여행하기에 정말 멋진 도시라는 걸 이 곳에 살아보고 나니 알게 되었다. 우리가 살아온 순간들 중 가장 낭만적인 순간들 만을 골라갈 수 있는 것이 파리 여행이지 않는가. 그렇기에 파리 여행을 계획하고 있다면 언제든 적극 찬성이다. 내가 나서서 계획을 짜주고도 싶은 마음이다. 지극히 나의 취향이 반영된 여행이 될 테지만, 아침 저녁으로 예쁜 골목들을 꼭 산책하고, 낮에는 테라스에서 맛있는 커피를 마시고, 해 질 무렵에는 센 강변에 앉아 병맥주를 손에 들고 사람들을 구경하다 밤이 되면 불이 켜진 루브르 앞을 꼭 지날테다. 언제가 될 지는 모르지만, 다시 여행할 수 있게 된다면 그 때는 1년 중의 행복했던 장면들만 모은 여행을 떠나고 싶다. 동생이 함께 라면 좋겠지만 그게 아니라면, 차라리 이 도시에 대해 아무것도 모르는 사람과 함께였으면 좋겠다. 지구의 반대편에 이렇게 꿈결같은 도시가 존재한다는 걸 같은 지구인으로서 경험하게 만들어 주고 말테다.

54일 전

보고 싶은 사람이 늘어가요.
그때 그 친구도
사랑하는 가족들도.
언젠가는 다시 만날 걸 알고 있지만, 가끔은 아주 말도 안 되는 걸 알지만 문득 눈 앞에 그
사람이 걸어오는 모습은 어떨까 하는 생각을 해요.

아침에 창문을 열고 점심때는 닫아요.
오후엔 커튼을 치고 저녁엔 커튼을 열어요.
그런 생활들의 반복이죠 뭐.

뜨거운 이 여름이 지나고
벽에 빼곡히 붙어있던 달력의 마지막 장까지 뜯으면
그때 다시 만나기로 해요.

오늘 밤엔 창문도 활짝 열어 둘까 싶어요.

아까 전에만 해도 그 곳에 떠있던 달이

여기도 뜬 것 같으니.

자꾸 보고싶어지는 마음에 그만

그리움은 어딘가에 도사리고 있다. 그리움이라는 단어는 늘 대상이 존재하고, 그 단어가 향하는 곳에는 어쩌면 닿을 수 없는 것들도 있다. 그리움이 들 때마다 나는 창문을 열어 바깥을 보곤 했다. 그것은 늘 내 안에 웅크리고 있는 감정이기에, 창문을 활짝 여는 의식이 조금은 도움이 된다. 해가 떠있기도 하지만, 종종 달이 떠있다. 달은 하나뿐이고 다행히도 아주 커다래서 그 쪽 하늘에도 똑같은 것이 떠있는 거라 생각하면 그 기분이 조금은 나아지곤 한다. 세상에 하나뿐인 커다란 것이 한없이 작은 나를 보듬는다.

53일 전

야식은 건강에 해롭지만
일이 끝나고 집으로 돌아가서 뭐 먹을지 고민하는
행복을 포기하고 싶지 않아,
일단 오늘은 행복하기로 결심했다.

야식 찬성 론

나는 야식 옹호론자다. '야식'이라고 하면 굉장히 일탈을 범하는 것 같은 느낌이 들지만, 자세하게 논하자면 건강에 대한 정의부터 시작할 수 있겠다. 우리는 육체와 정신이 모두 온전한 상태에 놓일 때 비로소 건강하다고 말한다. 야식이 건강에 해롭다 라는 건 지극히 육체의 입장에서의 이야기가 아닌가 하는 생각이 드는 것이다. 먹고 바로 누웠을 때 생길 수 있는 역류성 식도염이나 소화불량, 활동량이 지극히 적어지는 야심한 시각에 먹는 음식이 제대로 분해되지 않아 쌓이는 체내 지방 등이 우리가 염려하는 야식의 결과이다. 그런데 우리가 야식을 먹는 이유는, 이미 그 정도의 쓰린 결과는 책임질 수 있을 만큼의 육체적 건강함은 이미 갖췄고, 그 이상의 무언가를 원하기 때문이지 않을까. 나의 피로한 하루를 특별하게 마무리하기 위해, 맛있는 음식을 이용하는 것이다. 음식이 주는 기쁨이 커다란 사람일수록 그 효과는 확실할 것이다. 이 기쁨은 정신의 건강과 아마 직선으로 연결되어 있을 것이다. 그만큼 소중한 시간인 것이다. 지극히 개인적인 의견이지만, 이에 반박하는 사람들은 늘 있었으면 한다. 그래야만 그 시간이 더 특별하게 느껴질 테니 말이다. 그럼에도 이 글을 쓰는 이유는 죄책감을 가질 필요까지는 없다고 말하고 싶어서다. 건강이 최고라지만 건강만큼 챙기기 힘든 게 없는 현대 사회에 우리 마음이 행복할 수 있는 일이라면 너그럽게 이해해주자는 거다.

52일 전

밤하늘이었다.
온통 붉게 물든 그 그림 속을 헤매다 내가 보게 된 건
칠흑 같은 밤 하늘이었다.
그리고 마음 속에는 한가득 별이 떠더랬다.
우린 별이 가득한 밤하늘 아래 있었다.

오랜만에 찾아가 만난 친구와 오랫동안
우리의 그림에 대한 이야기를 나눴다.
좋아서 그리던 그림들, 생각보다 어려웠던 붓 터치,
그리고 그 그림들을 그리던 몇 년 전의 우리 모습.
지금은 서로 멀리 떨어진 곳에서 각자의 모습으로 살고 있지만,
그 때 우리가 한 이야기는 여전히 반짝였다.
그 소중한 장면들을 간직하며 살아야겠다.
오늘 우리 주위를 맴돌던 햇살도 바람도 모두.

그러고 보니 우리 이야기들이 보석이었고,
어릴 적 우리는 아직도 아직도 그대로였다.

돌아가는 버스 안이 조용히 편안하다.

단짝 친구는 세상 어디서도 단짝 친구

나와 고등학교 때부터 단짝처럼 지냈던 친구는 지금 벨기에에 살고 있다. 일이 좀 한가해진 덕분에 주말을 빌려 친구를 만나러 버스를 타고 벨기에로 향했다. 벨기에는 파리에서 무려 버스를 타고 4시간 정도면 갈 수 있는 아주 가까운 옆나라다. 정말 오랜만에 친구를 만나 맛있는 벨기에산 홍합요리로 저녁을 먹고, 동네 펍에서 맛있는 체리맥주도 마시며 한참을 이야기했다. 만나는 곳이 벨기에다 보니 뭔가 멋지게 들리긴 하지만, 만나서 하는 이야기들이나 우리의 웃음소리는 여전했다. 고등학교 때 야자 시간에 서로가 되고 싶은 모습에 대해 눈을 반짝이며 말하곤 했는데, 어쩐지 한참 뒤의 우리는 그 모습을 한 채 지금처럼 웃고 있을 것 같은 기분이 들었다. 어른이 되어가는 건 실감나지 않지만, 한참이 지나도 아이들의 대화를 나눌 수 있는 친구가 있어 좋았다. 유치해도 진심인 우리의 대화는 밤새 이어졌고, 아직까지도 롱디인 우정이지만 서로의 든든한 상담 창구가 되어 주고, 신기하게도 하루 차이인 생일을 매년 챙기며, 그렇게 잘 지내고 있다.

51일 전

매일 매일 작은 파티를 여는 마음가짐으로

그저 매 순간이 기다려지도록

기분이 좋은 날이 파티인 거지

파리에서 동생은 한인 마트에서 일했다. 이해를 돕기 위한 부가 설명을 하자면, 걸어 다니는 식료품 창고와 사는 것이다. 동생이 우리 집 냉장고에 얼마나 큰 기여를 했는 지 모른다. 마트에는 유통기한이 임박하거나 지나려고 하는 상품들을 폐기해야 하는 규칙이 있다 보니, 자연스럽게 안 팔린 냉동 만두나 양념, 과자나 음료수들을 마감하며 챙겨오곤 했다. 그렇게 음식들을 챙겨오는 날은 파티를 여는 날이다. 파리에서 파는 한국 음식들은 시중의 물가에 비해 좀 비싼 편이라 덥석 사오기가 힘든데, 먹고 싶을 때가 정말 많다. 어느 날은 동생이 주말에 퇴근하고 나오는 길에 먹고 싶은 아이스크림이 있냐고 묻길래, 종류가 몇 없을 줄 알고 보기를 달라고 했더니 많으니까 그냥 말해 보란다. 그래서 그냥 '붕어싸만코…?'라고 했더니 마트를 나오는 동생 손에 붕어싸만코 두 개가 있는 것이 아닌가. 역 앞 벤치에 나란히 앉아 붕어싸만코를 먹고 있자니 여기가 파리인지 이마트 앞인지, 묘한 기분이 들었다. 심지어 신기하게 생긴 생선 모양의 아이스크림을 먹고 있는 모습이 신기했는지, 힐끔힐끔 쳐다보는 사람도 있었다. 그리고 내 생일 땐 심지어 과자를 마트 비닐봉지 한 가득 사왔는데, 같이 일하는 언니들이 정말 부러워하곤 했다. 동생을 잘 둔 덕분에, 파리에서 우린 먹을 걱정 한 시름 덜고 원하는 만큼의 쌀과 고추장, 참기름을 부엌에 쟁여 두고 살 수 있었다. 동생이 퇴근한다는 카톡이 오면, 오늘은 손에 뭘 들고 오려나 하는 생각부터 들었으니 말이다.

50일 전

태어나서 처음으로 누군가를 화장해주었다.
그리고 놀랍게도 그것은 남동생.

동생이 갑자기 자기도 화장을 해 보고 싶대서,
일단 내가 아는 건 다 가지고 나와 해주었다.
요즘엔 화장을 잘 안하고 다녀 기억이 가물가물했지만,
해주고 나니 너무 나랑 비슷하게 생긴 애가 앉아있길래 좀 놀랐다.

역시 남매는 남매인가….

이토록 닮았을 수가

　동생은 어릴 때부터 나를 무지 좋아했다. 아주 어렸을 적 내가 동네에서 친했던 동생들과 놀고 있으면 자기를 끼워주지 않는다고 엉엉 울곤 했다. 그런데 집으로 돌아가 다시 같이 좋아하는 만화를 보며 까르르 웃다 보면 금세 누나가 제일 좋다고 했던 너무 착한 동생이었다. 나도 동생이랑 노는 게 재밌었다. 같이 집 앞에 커다란 우산 몇 개를 펼쳐 놓고 우산 집을 만들어 놀기도 했고, 엄마 아빠랑 어딜 가도 차 뒷자리에서 신나게 인형놀이를 하기 바빴다. 둘 다 스펀지밥을 좋아해 스펀지밥 극장판을 너무 많이 본 나머지 대사를 다 외워서 서로 역할을 나눠 이야기하기도 했다. 서로의 기분을 가장 잘 알았고, 아주 다정하진 않아도 남매의 사이는 늘 좋았다. 그런 동생과 나는 스무 살이 되자마자 자취를 시작했고, 워킹홀리데이까지 다녀오게 되었다. 가끔 누군가 이런 이야기를 듣고서, 남매가 어떻게 그렇게 친하게 지낼 수 있냐 놀라기도 한다. 그럴 때 나는 항상 이렇게 대답했다, '동생이 착해서 그래요.' 이미지 관리가 아니라 정말 그랬다. 나랑 지낼 때 동생은 항상 내가 먹고 싶은 걸 물어봤고, 늦게 들어올 때마다 언제쯤 들어오냐고 문자를 남겼다. 파리에서는 내가 없으면 재미없다며 혼자 나가지도 않았던 누나 껌딱지였다. 친구들과 여행을 가도 항상 내 선물을 챙겼다. 이런 동생이라 몇 년을 같이 살면서 한 번 싸운 적이 없는 것이다. 쓰다 보니 동생 자랑하는 글이 된 것 같은데, 사실 동생 자랑하는 게 맞다. 난 이런 동생도 있다!

49일 전

점심으로 탕수육에 짜장면, 짬뽕까지 먹었던 날.

보통 여기서는 한식을 먹으면 '파리 치고' 맛있네. 이런 반응이 대부분이지만, 먹으면서 잠깐 여기가 한국인지 파리인지 싶었다 젓가락 닿는 곳마다 맛있어 를 남발했던 점심.

음, 맛있어 맛있어···

맛있어···

맛있어 맛있어 진짜 맛있어

　누군가 파리 여행을 계획하고 있다면, 나는 식당을 추천해주며 꼭 한식당을 한 군데 소개해 줄 것이다. 물론 원하는 메뉴나 분위기에 따라 식당은 달라진다. 이번 워킹 홀리데이 기간 동안 느낀 점 중에 하나는, 그저 여행 중에 한식이 먹고 싶어서 한식당을 찾는 것은 아니라는 것이다. 한식당을 찾는다고 하면, '에이 한국 음식은 한국에서 매일 먹는데, 현지 음식을 먹다 와야지.' 와 같은 반응이나, '한식당 비싸기만 하고 별로야.' 같은 반응이 대부분인데, 사실 정말 여행중에 한국인이 운영하는 한식당에서 식사를 하면 재밌는 사실들을 알 수 있다. 하나는, 생각보다 한식의 인기가 폭발적이라는 것. 유명한 식당들은 예약하지 않으면 저녁에는 자리가 없을 정도로 인기가 많다. 한식당에 한국인은 없고 프랑스인들만 바글바글한 그런 진풍경을 목격할 수 있는 기회가 얼마나 있겠는가. 또 하나는 우리 음식이 다른 어떤 나라들에 비해서 전혀 뒤지지 않는 다는 것이다. 실시간으로 점심과 저녁에 두 식당을 비교해볼 수 있다는 것은 재밌는 일이다. 그렇지만 내가 한국인이라서 라는 걸 제외해도 우리나라 음식은 맛있다. 여러가지 맛과 다양한 재료가 전혀 어색하지 않게 한 접시에 담겨있다. 아마 그 점이 그들 에게도 특별하게 느껴지는 것이 아닐까. 그리고 식당에 들어가서 '주문하시겠어요?' 라는 말을 듣자마자 쭈욱 풀리는 긴장감. 하루 종일 낯설게만 느껴졌던 곳이 그 순간, '사람 사는 곳 거기서 거기 아니겠어' 싶게 만들어주는 것이다.

48일 전

진짜 오랜만에 퇴근길이 한산하다.

늘 사람들로 북적이던 역과 통로들이 조용하니 이상하다.

다들 꿈 같은 휴가 즐기러 떠나나 보다.

휴가가 내린 뒤의 도시는 한가해

파리에서 지하철을 타고 다니다 보면 기상천외한 풍경들을 많이 마주할 수 있는데, 예를 들어 지하철 역을 채 나가기도 전에 담배를 꺼내 무는 사람들의 모습이나 거리낌 없이 노상 방뇨를 저지르는 사람, 전혀 예상치도 못했던 순진한 모습의 아이가 내 주머니에 손을 넣고 있는 모습 등이 있다. 생각만 해도 아찔한데, 그런 이야기 말고 이번엔 좀 평화로운 이야기를 해볼까 한다. 파리 지하철 역 출구로 나가다 보면 꽤 많은 확률로 거리에서 과일을 파는 아랍인 아저씨들을 목격할 수가 있다. 과일의 종류는 매번 다른데, 이 아저씨들이 매대 위에 놓고 팔고 있는 과일이 지금 제일 맛있는 제철 과일이라고 생각하면 쉽다. 날씨가 추우나 더우나 항상 그 자리에서 과일들을 팔고 계신다. 종류가 아주 많지는 않아도 생각보다 인기가 많다. 그리고 날씨가 더워질 무렵엔 맛보기로 단면을 잘라 둔 과일 위에 벌들이 엄청 날아드는데, 당도를 믿어볼 수 있는 증거가 된다. 실제로 그렇게 꽉 차게 익은 과일들을 사오면 정말 달고 맛있다. 우리 집과 가장 가까운 지하철 역 출구에도 항상 과일 파는 아저씨가 있었는데, 낯선 풍경이라 처음엔 그래도 그 노점을 지나쳐 마트 과일을 샀다. 그런데 언젠가 일하는 곳에서 그 아저씨에게 산 초록색 배를 먹어볼 기회가 있엇는데 생각보다 너무 달콤하고 맛있었다. 그 뒤로 도전한 복숭아와 무화과도 성공적이였고, 나는 종종 아저씨들에게 과일을 샀다. 혹시라도 파리에 가게 된다면 지하철에서 지친 마음, 달콤한 과일로 달래보는 건 어떨까.

47일 전

동생이 저녁을 사준다길래 졸졸 따라갔더니

간판이 왠지 허름한 중국 식당으로 들어가는 것이다.

여기에 뭘 먹으러 왔나 궁금하다 시킨 메뉴가 나왔다.

첫 입은 음, 괜찮네. 였는데

어느 새 안에 남은 배추 조각들까지 슥슥 떠 먹는 나를 발견했다.

소고기는 입에 넣자마자 촉촉히 사라져 부드럽고

저 국물은 고깃국물이라 기름질 것 같지만, 안에 들어간 배추와 각종 매콤 싸한 향신료들

덕분에 한 순간도 느끼하다 생각하지 못했다.

순간 중국 여행을 다녀온 기분이라고 해야 하나,

아무튼 떠나기 전에는 또 오게 될 것만 같다.

맛있는 음식이 주는 든든한 기쁨이 좋다.

제보 받습니다

파리에 살다 왔으면서 프랑스 음식 이야기가 없는 건 좀 아쉽지만, 가기 전에 비해 맛의 지평선이 넓어진 건 사실이다. 저 음식의 이름은 기억나지 않는데, 동생이 날 신세계로 인도해주었던 기억이 난다. 골목에는 중국인들이 모이는 동네라 한자로 된 간판이 유난히 많았고, 거리를 걷다 보면 여기가 중국인가 싶을 정도로 향신료 냄새가 진동했다. 그 중 사람이 가장 많은 식당이었다. 중국 음식점 답게 메뉴가 정말 많았지만 모든 식탁 위에 공통적으로 놓인 요리가 바로 저것이었다. 자박한 국물의 고기 요리였는데, 국물에서는 훠궈나 마라탕에서 날 법한 매콤하고 알싸한 맛이 났다. 고기에서는 신기할 만큼 냄새가 나지 않았고, 완전히 익히지 않은 부드러운 상태인 데다 국물을 머금어 촉촉하고 기름졌다. 고수를 못 먹는데도, 그 국물에 배어 있는 고수 향이 음식과 너무 잘 어울린다고 생각했다. 동생도 마트에서 같이 일하던 형이 추천해줘서 찾아온 거라고 했는데, 그 분의 맛집 리스트가 너무 궁금해졌다. 이 날의 기억이 강렬해서 떠나기 전에 또 먹으러 갔었는데 하필 그날이 쉬는 날이라, 아쉬운 대로 건너편 식당에서 비슷한 요리를 먹기도 했다.

추가)

혹시라도 이 요리 이름을 아는 사람이 있다면, 5281056@naver.com 으로 제보를 부탁드립니다. 맨 입으로 고급 정보를 받을 수 없으니, 아시는 분에겐 이 식당의 주소를 회신 드리기로 하겠습니다….

46일 전

7월 14일

프랑스의 혁명기념일

여름 치고 너무 쌀쌀했던 밤.

오들오들 떨며 해가 지기를 기다리다

11시가 되자 하늘 가득 불꽃이 피었다.

크고 작은 불꽃들이 밤하늘에 한가득이었다.

사람들은 환호하며 과거의 이 날을 아마도 생각했을까.

연대하고 투쟁하던 그날을 떠올렸을까.

불꽃은 더 크게, 더 높이 끝날 줄을 모른다.

불꽃같은 그 시간들이 밤하늘을 가득 덮는다.

박수가 터져 나온다, 환호성이 여기 저기 울렁인다.

확실한 건 멋진 밤이다. 멋진 밤이었다.

불꽃이 터지고 밤은 막을 내렸다

파리에서 7월 14일은 어느 때보다 활기차다. 변화의 시작이던 날이자, 지금의 도시를 이룩해 낼 수 있었던 날이기 때문일까. 매년 에펠탑 위에 형형색색의 불꽃을 터뜨리는 행사를 한다고 한다. 이 날의 불꽃만큼은 놓칠 수 없었기에, 동생과 어디에서 보는 것이 가장 예쁠 지 아침부터 돌아다니며 회의를 나눴다. 강 아래에 자리를 잡을 지, 다리 위가 좋을지, 아직 터지지 않은 불꽃을 상상하며 그림을 그렸다. 그런데 놀랍게도 이른 시간부터 사람들이 명당이라고 할 만한 자리에 하나 둘 모이기 시작하는 것이다. 우리는 이때다 싶어 사람들이 모이던 다리 위에 자리를 잡았다. 매년 이 축제를 즐기던 사람들이 모이는 곳이 진정한 명당이 아니겠나 싶었다. 강가라 그런지 바람이 많이 불어 여름인데도 쌀쌀하게 느껴졌다. 사람이 점점 모여들자 행사가 끝나고 집으로 갈 일이 걱정되었지만, 다행히 우리 집에서 에펠탑이 그리 멀지 않은 위치에 있었기에 차분하게 끝까지 관람할 수 있었다. 여름이라 새까만 도화지가 완성되기까지 한참을 기다렸다. 그렇게 10시가 넘어가자, 에펠 탑 앞에 화려한 조명이 비추기 시작했고, 곧이어 그날의 불꽃이 도화지 위를 수놓았다. 사람들이 환호성을 지르기 시작했다. 시간이 흘러 축제가 되었지만, 그 환호에는 많은 의미가 담긴 듯 느껴졌다. 이제는 우리가 이 날을 즐기기만 하면 된다는 데에서 느껴지는 자유감과 해방의 소리가 왠지 뭉클하게 느껴지기도 했다.

45일 전

반가운 손님이 오기 몇 일 전.
대대적인 청소를 했다.
부엌은 내가 맡아서,
욕실은 동생이 맡아서.

거실까지 깨끗하게 걸레질하고 나니 드디어 엄마와 이모가 온다는 게 실감이 나기 시작
했다. 원래 청소라는 건 누군가 집에 오기 전에 하는 게 가장 효율적이고 빨라서 이런 날을
빌미로 상쾌한 기분도 같이 느껴본다. 다음주면 날씨가 조금 더 더워지는 듯한데, 같이 여
름을 날 가족들이 곁에 있으면 좀 낫지 않을까 싶은 마음이다.

청소 시-작

　대청소의 시작은 기분 좋은 음악을 틀고 창문을 활짝 여는 것이다. 그리고 약간은 귀찮은 마음을 움켜쥐고 소매를 걷어 보이는 것이다. 그 다음엔 가장 소홀했던 공간을 여과없이 들춰내고, 그 모습을 내 두 눈으로 확인한다. 그리고 나서는 버려야 한다. 앞으로 입을 일이 없을 것 같은 옷들, 연민으로 모아둔 잡동사니들을 말이다. 버리고 버리고 버린다. 언제 이렇게 짐이 늘었나, 쓰레기 봉투가 금방 금방 차오른다. 이 때 팁은, 머리로는 버리라고 하는데 가슴이 허락하지 못하는 물건들은 대부분 눈 딱 감고 버리는 게 맞다.

　버려야 그 다음으로 나아갈 수 있다. 그렇게 한바탕 버려내고 나면 어디를 청소해야 할지 확실히 보이게 된다. 그 때 나의 본능이 이끄는 대로 그 곳을 닦고 빛내면 되는 것이다. 청소기를 매일 돌려도 뒤돌아서면 보이는 머리카락이 원망스럽다. 먼지는 어째서 모든 곳에 그리도 공평하게 쌓이는지. 그러다 보면 어느새 마지막 단계, 거울까지 깨끗하게 닦아내면 집이 번쩍번쩍하다. 그런데 신기하게도 청소를 끝내고 나면 항상 어딘가 묵직했던 가슴 한구석이 개운해지는 기분이 든다. 그 곳에 어떤 것들이 있었는지 매일매일 들여다보지는 못하지만, 청소를 하고 나면 비워진 그 구석이 느껴져 기분이 좋다. 그리고 나면 그 안을 기분 좋은 것들로 채우고 싶어진다. 집이 깨끗해지고 나면 괜히 꽃 한송이 사다 놓고 싶어지는 마음과 비슷한 그 기분을 느끼려고 청소를 하나보다. 비워낼수록 차오르는 것들이 있나 보다.

44일 전

여기 올 때 우리에게 가장 큰 짐 중 하나가 바로 앰프였다.

기타를 막 배우기 시작한 나는 기타 연습을 꼭 하겠다 생각하며, 또 그리고 언젠가 어느 길거리에서 노래하는 버스킹을 꼭 해보고 싶어 끙끙대며 챙겼었다.

오늘은 날씨가 꽤 따뜻하고, 동시에 선선했다. 오늘 같은 날 밖에 나가 노래를 하면 기분 좋겠다 싶어서 돌돌돌 바퀴 달린 장바구니 안에 앰프를 넣어 무작정 강가로 향했다.

강가로 내려가 아늑한 구석을 잡고 노래를 시작했다.

자전거를 타는 사람들, 산책하는 사람들이 지나가며 우리를 구경했다. 앉아서 문득 노래를 부르다 보니 왼쪽에는 보란듯이 에펠탑이 빛나고 있었고, 노을은 황홀한 보랏빛이 된 지 오래였다. 마법같이 가로등도 우리 주위를 밝혔다.

아. 파리구나.

이 곳에서의 하루하루는 오늘이 어제 같은 익숙한 날들과
가슴 한 켠이 찡해지도록 아름다워 특별한 날들의 반복인 것이었다.

파리의 소심한 버스커

노래하는 걸 좋아하는 나에게 버스킹은 커다란 로망이었다. 언젠가는 멋진 곳에서 자유스러운 몸짓으로 좋아하는 노래를 부르고 싶었다. 파리에 가게 되었을 때 생각했다, 이보다 멋진 곳이 있을까. 길거리의 수많은 악사들, 노래하는 집시들이 있는 파리에서 노래할 수만 있다면! 그래서 아무런 계획도 없이 저 앰프를 챙겼다. 매번 승무원들에게 저게 무엇인지 설명해야 했고, 기내로 들어갈 수 있는지 물어봐야 했던 골치 아픈 짐이었다. 그리고는 몇 달을 일하느라 묵혀 두기만 했다. 그러던 어느 날, 날씨가 유난히 좋았던 날이었다. 저 앰프를 개시할 때가 왔음을 직감했고, 우린 무작정 저 무거운 걸 장바구니에 끌고 센 강변으로 향했다. 인터넷으로 찾아보니 아무데나 공연을 하다간 경찰이 제지할 수도 있다고 해서 넓은 광장이 아닌 인적이 드문 산책길로 향했다. 떨리는 마음으로 마이크를 연결해 평소에 좋아하던 노래를 몇 곡 불렀다. 막상 시작하니 부끄러운 마음에 오래 하지는 못했지만, 그날 우린 인생에서 가장 아름다운 풍경 속에 있었다. 드문드문 찾아와 노래를 듣던 관객들, 말도 안 되게 예뻤던 하늘. 평생에 다시 볼 수 있을까 싶은 영화와 같았던 장면이었다.

43일 전

동생이 여행을 떠났다.

하루종일 아무렇지 않다

양치를 하면서 문득, 아주 약간 허전했다.

집에 돌아왔더니 동생이 없다

워킹 홀리데이 내내 붙어있던 동생이 집에 없었던 몇일이었다. 유럽 여행을 온 친구가 스위스에 머물 동안 같이 놀자고 해서, 기차를 타고 스위스로 3일정도를 떠나 있었다. 떠나기 얼마 전부터 마음이 들떠 있던 동생은 가서 패러글라이딩을 할 거라는 둥, 산악열차를 탈 거라는 둥 나에게 사진을 보여주며 자랑을 늘어놓았다. 나는 아직 일을 그만두지 않아 같이 가지 못했지만, 괜히 나까지 여행을 앞둔 것 마냥 두근댔다. 동생이 떠나던 날, 나는 일을 마치고 집으로 돌아와 깜깜한 집에 처음 불을 켰다. 들어가니 적막한 소파가 먼저 눈에 띄었다. 원래 이 시간이면 동생이 먼저 집에 도착해 소파에 누워 영화나 드라마를 보고 있는 모습이 있어야 하는 데 말이다. 그래도 괜찮았다. 오랜만에 혼자 있는 시간을 보내야지, 오히려 기분 좋게 생각했다. 그리고 간단하게 저녁을 먹고서 씻으려 화장실로 향했다. 칫솔 꽂이 두 개, 칫솔 하나가 보였다. 기분이 이상했다. 일상하나가 통째로 사라진 듯한 느낌이 들었다. 하루의 시작과 끝에 함께이던 칫솔이 없으니, 왠지 그 사람도 사라져버린 것만 같았다. 한참을 그 빈 곳을 바라보며 양치를 했다. 몇 일 뒤면 돌아올 텐데, 멀리 떠나버린 것 같은 느낌에 괜히 슬퍼졌다. 조용히 샤워를 마치고 잘 준비를 하고 있는데 카톡이 왔다. 동생이다. '누나 뭐해?'라고 온 카톡을 읽으니 떠나긴 어딜 떠나나 싶었다. 떨어져 살고 있는 지금도 매일같이 오는 누나 뭐하냐는 문자를 보면, 그 때가 생각난다. 귀여운 녀석.

42일 전

드디어 워킹 홀리데이 비자 중 '워킹'이 끝났다.

오늘 여름 들어 처음으로 비가 시원하게 내렸고
사람들도 많지 않아 식당도 조용했다.
마지막 날이라 니나가 와인을 한 병 선물해주었다.
그 동안 함께해서 즐거웠다는 말과 함께 나눈 포옹이
정말 마지막이구나 실감나게 만들었다.

이제 남은 건 홀리데이뿐이다.
아무것도 하지 않아도 괜찮은 날들만이 남았다.

안녕 워킹, 안녕 홀리데이

떠나기 한 달 남짓을 남겨두고, 드디어 식당을 그만두었다. 아무리 그래도 마지막 한 달은 홀리데이로만 남겨두고 싶은 마음에, 사장들도 흔쾌히 허락해 주었다. 그날은 출근하자마자 나를 바라보는 언니나 직원들의 표정이 평소와는 좀 달랐다. 같이 일하는 다니는 출근하자마자 비쥬와 함께 '마지막 날이네' 라고 하며 어깨를 토닥여주었고, 언니도 주방에서 요리하는 내내 내가 없으면 허전해서 어떡하냐, 아쉬워하는 말들을 잔뜩 늘어 놓았다. 그날따라 다행히 가게가 좀 한가해 주방에서 만든 음식들을 나눠 먹으며, 앞으로 내 계획들과 동생과 계획한 마지막 런던여행 이야기를 하며 여유롭게 퇴근시간을 맞았다. 퇴근하고는 주방에 앞치마를 걸어 두고 지하로 내려가 옷을 갈아입어야 했는데, 갈아입고 올라오니 가게의 사장이었던 니나가 웃으며 손에 든 와인을 건네 주며 나를 꼭 안아주었다. 그동안 나의 노력이 고맙다며, 앞으로 즐거운 휴일들 보내다 가라는 말에 울컥하는 마음을 자꾸 참았다. 그리고 같이 바에서 일하던 친구와 나와 주방에 있었던 언니까지 너무 수고했다며 나를 안아주었다. 이 낯선 도시에서 나를 품어주었던 가게와 직원들의 미소를 뒤로한 채 가벼운 발걸음으로 마지막 퇴근을 해냈다. 해냈다는 말이 어울렸던 몇 달이었다. 앞으로 내가 해내야 할 것들은 수없이 많겠지만, 이 날의 기억이 나를 더 강하게 만들어줄 것만 같았다. 지금 보니 저 와인의 이름도 살뤼, 프랑스어로 '안녕' 이다. 떠나는 나에게 더할 나위 없는 선물이었다. 이 빛나는 도시와의 안녕이 가까워지고 있다.

41일 전

오랜만에 공항으로 발걸음을 한다.

오늘은 엄마와 이모, 그리고 7살배기 사촌동생이 파리에 놀러 오는 날이다.

다음 주 부터는 아주 더운 날이 몇일 있는데

아직은 선선한 기운도 같이 있어 날씨도 좋다.

12시간 비행이라 피곤하겠지만 어서 도착해서 같이 저녁을 먹고 싶다. 그리고 그동안 있었던 일들을 식탁에 앉아 이야기해주고 싶다. 서로 얼굴을 마주보며 하하 웃으면 좋겠다. 여기 여름 날씨에 대한 이야기, 사람들의 이야기 나누면 좋겠다. 1년만큼 훌쩍 자랐을 현서 손 꼭 잡고 동네를 산책하고 싶다. 평화롭고 평화로운 동네로.

어서 와요 다들.

7살 어린이 파리 오던 날

　엄마와 이모가 놀러 온다는 소식과 더불어 찾아온다는 한 명의 손님이
더 있었으니, 바로 나의 7살 사촌동생 현서다. 이모가 꼭 한 번쯤은 우리
가 파리에 있을 때 현서를 데리고 여행하고 싶어했는데, 다행히 현서가
씩씩하게 장시간 비행을 견뎌주어 무사히 우리는 만날 수 있었다. 현서가
놀러 온다는 이야기를 듣자마자 나는 분주해질 수밖에 없었다. 어디를 가
야 할까, 어떤 걸 먹어야 좋아할까 고민되는 게 정말 많았다. 원래 내 성격
상 여행 중의 지나친 상세 계획은 생략하고 마음 가는 대로 움직이는 편
인데, 이번엔 이야기가 좀 달랐다. 짧다면 짧은 이 1주일동안 내가 사랑
하는 가족들에게 파리의 어떤 구석을 보여주어야 할까, 어떤 음식을 먹어
보면 좋을까 하나부터 열까지 계획을 세우기 시작했다. 식당을 먼저 가서
메뉴판을 스캔해오기도 했고, 날씨를 계속 확인하며 일정을 이리저리 조
절했다. 많이 걷기엔 날씨가 더웠고, 어린이가 힘들지도 모르니 적절하게
택시를 타야 할 동선도 체크했다. 특급 경호임무를 맡은 것처럼 말이다.
시간은 한정되어 있고, 도시의 모든 구석이 아름답다 보니 당연한 과정이
었다. 저 멀리 작은 발걸음이 우릴 향해 달려온다. 아직 쑥스러움 많을 나
이 일곱 살이라 언니를 보고 헤죽 웃기만 하는 현서를 보니 실감났다. 우
리는 아주 특별한 시간을 보낼 것 같았다.

　언니만 믿어.

40일 전

7살 난 현서는

난생 처음 동화책에서만 보던

파리 지하철도 타보고

택시도 타보고

에펠탑도 구경하고

1유로에 5개씩 열쇠고리 파는 아저씨한테

귀여움으로 6개를 얻고

개선문에서 사진도 잔뜩 찍고

좋아하는 초코 마카롱과

두번째로 좋아하는 바닐라 마카롱도 먹고

프랑스 맥도날드 해피밀도 먹고

공원의 아이들 사이에서 놀기도 하고

맛있는 피자도 먹고

언니 표 계란 후라이도 노른자만 빼고 2개나 먹고

자기전에 카프리 썬 한잔에 도라 동화책도 읽고

눕자마자 잠이 들었다.

네가 좋아해서 나도 기뻐.
언니랑 남은 날 더 재밌게 보내자.

파리에 이렇게 귀여운 생명체가

귀여움이 세상을 구한다고 하지 않았던가. 파리에 온 현서는 어딜 가든 주목받았다. 식당에 가서도 종업원들의 인사를 받느라 바빴고, 마트 계산 대에서, 버스 안에서도 아주머니들의 사랑스러운 눈빛을 독차지했다. 덩 달아 우리도 기분이 좋아졌다. 아이들은 남녀노소 국적 인종 불문하고 사 랑스럽게 바라보는 것 같았다. 동생과 둘만 다닐 때는 느껴보지 못한 일 종의 환대(?)를 현서와 여행하며 많이 받았다. 에펠 탑 앞에 가면 에펠 탑 모양의 열쇠고리를 잔뜩 걸고 다니며 1유로에 5개씩 판다며 각국의 언 어로 장사하는 상인들을 볼 수 있는데, 어디선가 또렷한 한국어로 '1유로 다섯개' 라고 하는 아저씨가 나타나 현서에게 다가갔다. 아직 외국인들이 낯선 현서에게 작은 미션을 주었다. 아저씨에게 가서 열쇠고리 주세요 하 고 사오는 것이었다. 현서가 수줍게 열쇠고리를 가르치자, 아저씨는 입이 귀에 걸리게 웃으시며 여섯개를 쥐어 주셨다. 흥정을 하지 않아도 떡 하 나 더 얻어먹고 돌아온 현서는 위풍당당한 걸음으로 돌아왔고, 하루 종일 그 예쁜 열쇠고리들을 손에 꼭 쥐고 다녔다.

39일 전

그래. 잠깐만 쉬자, 잠깐만.

밖에 봐, 오늘은 진짜 못 나가

하필 엄마랑 이모, 현서가 여행하던 때, 파리에는 엄청난 폭염이 찾아왔다. 1년 중 가장 큰 폭염이었다. 낮에는 40도를 넘기는 날도 있었다. 밖을 걷기는 커녕, 집에서 한 발 나가기만 해도 숨이 턱 막히는 더위였다. 특히 우리에겐 어린 현서가 있었기 때문에, 밖을 돌아다니기에 조금 겁이 났다. 그래서 하루는 그냥 마트에서 장을 봐 집에서 같이 맛있는 음식을 해먹으며 해가 기울 때까지 쉬기로 했다. 왠지 현서 걱정을 하는 것 같지만, 사실 어른들이 지쳐 나가기 힘들었던 거다. 하지만 현서는 밖이 40도가 넘든 말든, 놀러 나가고 싶었나 보다. 그래서 그날은 집에서 멀지 않은 빵집에 같이 가서 크로와상도 사고, 마트에 가서 신기한 음료수랑 과일들을 구경했다. 현서가 파리 여행에서 가장 좋아했던 건 오랑지나 라는 탄산이 들어간 오렌지 주스였는데, 식당에 가도 카페에 가도 항상 자기는 오랑지나를 먹겠다고 했다. 그리고 저녁에 먹을 찌개에 들어갈 야채도 샀다. 1차 외출을 마치고 집에 와 더위를 좀 식히고, 2차로 오빠와 함께 아이스크림을 사러 갔다. 동생에게 현서를 부탁한다는 말과 함께 소파에 널부러졌다. 너무 더운 날인데다, 나는 더위에 취약한 인간이기 때문에 그날 어딘가를 나간다는 건 너무 힘든 일이었다. 저녁엔 더위가 좀 가실 줄 알았는데, 한참을 달궈진 도시는 식을 기미가 보이지 않았다. 지금 보니 그날은 일기 쓸 기운도 없었나 보다.

38일 전

한바탕 몰렸던 귀한 손님들이 모두 떠났다.

마지막 엄마까지 공항에서 배웅하고 집으로 돌아가는 길.

이제는 너무 자주 오는 이 곳이 살짝 지겹게도 느껴진다.

그런데 문득 멀어지는 엄마의 뒷모습을 보고 있자니

3주밖에 남지 않은 이 시간이 물 위로 쑥 떠오르듯 느껴졌다.

할 일도 많고 정리할 것도 많고 인사할 곳도 참 많은데

갑자기 짧게만 느껴진다. 이제 익숙함이라 부를 것들이 20일 남짓 밖에 남지 않았다.

시간은 우리의 마음보다 조금 더 서두를 것 같으니 나라도 서두르지 말아야겠다.

그렇게 그렇게 지나가도록 할 뿐이겠지.

배웅의 달인

파리에 있으면서 배웅의 달인이 되었다. 친구들이 떠났고, 이모와 현서가 떠나고, 엄마도 떠났다. 이 곳은 찾아오면 반드시 떠날 수밖에 없기에 공항을 꽤 자주 드나들었다. 이제 몇 층에 가면 탑승구가 있는지, 먹을 거리가 무엇이 있는지, 심지어 화장실은 어디가 사람이 덜 한지도 알 지경이었다. 샤를 드 골 공항은 터미널이 3개로 나뉜 데다가 항공사 별로 이용하는 공항 터미널이 달라 혹시라도 길을 잘못 들면 돌아가는 데에 시간이 꽤 걸린다. 다수의 배웅 경험으로 이제 타는 항공사의 창구 위치도 알게 되어, 순조롭게 모든 과정을 진행했다. 그리고 보통 선물하기 위한 마카롱은 가장 마지막 일정인 공항에서 사는 일이 많기 때문에, 마카롱 쇼핑도 도왔다. 그렇게 모두가 떠났다. 이제 더 이상 찾아올 사람도 없다. 그리고 마지막은 우리가 떠나는 일일테다. 그 시간도 머지 않았기에, 마지막으로 엄마를 배웅하러 공항에 갔을 땐 마치 내가 떠날 풍경들을 미리 담아두는 심정으로 움직였다. 우리가 떠날 날에는, 짐도 들고 티켓도 끊다 보면 그 시간들을 온전히 음미하기는 힘들 것 같다는 생각이 들어 그랬다. 샤를 드 골 공항이 종점이라 공항선이라고 불리는 RER B 선을 타고 집으로 돌아간다. 다행히 우리 집은 그 열차를 타고 쭉 내려가면 되는 위치에 있어서 가는 내내 동생과 남은 날들에 무얼 하면 좋을 지 회의했다. 동생도 이제야 우리가 떠난다는 게 실감났는지, 자꾸 예전 사진들을 들여다보았다.

37일 전

집을 내놓았다.

그리고 2시경 집을 보러 온 분과 만났다. 이것저것 집에 대한 질문을 하는 그 분을 보고 있
으니 왠지 딱 1년 전쯤의 우리가 보이는 듯했다. 이 곳이 어떤 곳인지 알기도 전에 집을 알
아보러 정신없이 다니던 우리. 그래서 일부러 더 웃으며 집이 좋은 이유를 하나라도 더 보
태려 했다.

사실 이 집에 정이 참 많이 들었다.

그런데 그만큼 이 집이 우리에게 준 안정감이 좋았다.

집에 처음 와서 저 벽 한가득 내가 손으로 쓴 달력들이 있었는데 이제 딱 한 장 남았다.

8월 한 장만큼 우리 집이다.

한 장만 넘기면 우리는 없어

평소에 달력은 있어도 들여다볼 일이 없어, 달이 지나고 나서야 넘기곤 했다. 문득 생각이 나 달력을 보면, 한 달 혹은 두 달을 한꺼번에 넘겨야 했다. 시간은 늘 그런 식으로 흘렀다. 그렇기에 파리에 처음 왔을 때 난 가장 눈에 잘 보이는 곳에 우리의 남은 시간을 알 수 있도록 손으로 쓴 달력을 붙여 놓았다. 처음 그 달력을 만들 땐, 써야 할 숫자가 너무 많아 좀 귀찮게도 느껴졌다. 열 달 가까이의 달력을 앉은 자리에서 만들다 보니, 까마득한 시간이라 생각했던 것이다. 그런데 어느 순간 한 장씩 사라지는 달력은 생각보다 빨리 뜯어져 나갔고, 저렇게 딱 한 장만을 남기고 나니 겁이 나기 시작했다. 벽면 하나를 가득 채우던 달력이 언제 어떻게 사라졌는지 기억이 나지 않았다. 그리고 남아있던 마지막 8월 한 장은, 수백 일의 햇빛과 그림자를 머금어 색이 약간 바래 있었다. 종이 한 장이 바래질 시간 동안 우리는 이 곳에 있었던 것이다. 그렇지만 늘 우리는 그 빛바랜 한 장이 가장 아쉽다. 마지막 달력을 뜯을 때 우린 비로소 처음 우리가 이 도시에 도착했던 계절을 만나게 될 테고, 달력은 언젠가 낡은 것이 되겠지만, 몇 년이 지난 지금의 나에게 그 시간들은 마치 꿈 속의 무엇처럼 자꾸만 반짝인다. 빛 바랜 달력을 뜯기 아쉬웠던 그 때가 우리의 가장 빛나는 시간이었다.

36일 전

다시 돌아온 납작 복숭아 시즌.
한국에 있을 땐 복숭아 맛있는 줄 몰랐는데
이 복숭아는 납작해서 조그만 만큼 더 달다.

과일이 제철을 만나면 얼만큼 맛있어지는 지
느낄 수 있던 1년이었다.

까만 체리랑 무화과도 요즘 정말 맛있다.
가기 전에 실컷 먹고 떠날 테다.

과일을 먹는 삶

과일을 먹는 삶만큼 풍요로울 수 있을까. 자취하는 사람들이라면 특히 공감할 수 있을 것이다. 하루하루 뭐 먹어야 할지 고민하는 것 만으로도 벅찬 스케줄에 계절마다 철이 다른 맛있는 과일을 냉장고에 채워 두는 것은 다른 세상의 이야기같이 느껴진다. 나도 여느 자취인들과 마찬가지로 과일과는 거리가 먼 삶을 살다 파리에 왔다. 파리에서의 생활에 꼭 도전해보고 싶었던 건 과일을 먹는 일이었다. 우선은 마트에서 자주 과일을 들여다보는 것 부터 시작했다. 장 보러 갈 때마다 꼭 과일 코너를 들러 나의 첫 과일을 탐색했다. 그러던 중, 어느 날 마트에 갔는데 유난히 탐스러워 보이는 복숭아가 눈에 띄었다. 생긴 것이 꼭 누가 위에서 꾹 누른 것 마냥 납작한 복숭아였다. 유럽에 가면 꼭 먹어보라는 그 복숭아가 맞는 것 같았다. 욕심내지 않고 딱 세 개를 샀다. 비닐봉지에 복숭아 세 개를 대롱대롱 매달고 집으로 향했다. 조심스레 물로 씻어 한 입 먹어보았다. 진한 분홍의 껍질을 뚫고 세상 모든 과일의 맛있는 맛을 합친 듯한 달콤 향긋한 과즙을 품은 열매 한 입이 입 안을 가득 채웠다. 내가 여태 먹었던 수많은 과일들이 우연이라면, 이 복숭아와는 필연적 관계에 놓이고 싶은 그런 맛이었다. 그 뒤로 마트에 갈 때마다 꼭 몇 개씩 봉투에 복숭아를 담았다. 한 번 맛을 보니 그 뒤로는 그 복숭아를 볼 때마다 그 맛이 떠올라 참기 힘들었다. 복숭아 하나를 샀을 뿐인데, 왠지 내가 꽤 괜찮은 삶을 살고 있다는 기분이 들었다.

35일 전

난 원래 비둘기가 아주아주 싫었다.
주변에서 하도 더럽다는 말을 많이 들어서 그런가
내 주변에서 날갯짓 할까 봐 왠지 싫었다.

그런데 요즘 들어 비둘기가 아주아주 싫지는 않다.
여기에 살다 보니 비둘기들을 관찰할 기회가 많은데
꽤 귀여운 구석들을 발견했기 때문이다.

공원을 걷다 보면 저렇게 바닥에 앉아서 (앉은 비둘긴 처음 본다)따뜻한 햇살을 즐기고 있
는 비둘기, 비 온 다음 날 배수로 쪽으로 목을 푹 숙이고 물을 마시려고 애쓰는 비둘기, 먹이를
먹으라 던져줘도 흙 사이에서 못 찾고 두리번거리는 비둘기….

아무튼 나름 자세히 보면 귀여운 점들이 있다.

아직 쟤네가 완벽히 좋은 건 아니지만 역시 뭐든 자세히 보면 귀여운 구석 하나쯤은 발
견하게 되는 가보다.

비둘기의 진실

사진 속의 생명체는 비둘기가 맞다. 웅크리고 앉은 저 모습이 너무 귀여워 찍었는데, 비둘기가 귀엽게 느껴질 줄이야. 물론 앉은 모습이라 그렇게 보이는 거지만, 파리에는 유난히 앉은 비둘기들이 많았다. 햇살이 내리쬐는 공원 풀밭 위에 저렇게 모여 앉아 있는 모습이 꼭 바로 옆의 파리 사람들의 모습과 다를게 없어 웃음이 나기도 했다. 파리에서는 비둘기마저 느릿느릿, 여유롭다.

34일 전

이제는 파리 안에서는 가본 곳이 꽤 많아져서

어딜 가더라도 두 번째 혹은 서너 번째가 되곤 한다.

미술관도, 식당도, 산책길도 좋아하는 곳이 생겼고, 그 곳에 또 가곤 한다.

그렇게 생각하면 지금의 1년은 꽤 의미 있는 시간들이다.

한 번 갔던 곳이 너무 좋아 두 번을 가고

혹은 세 번, 그보다 더 많이 가게 될 수 있는 시간이었다.

좋아하는 오랑주리 미술관을 이제 꽤 자주 와서 어디에 누구의 그림이 있는지 어렴풋이 알게 되었는데, 오늘 가니 모네의 수련 연작을 오마주한 화가의 작품이 저렇게 나란히 있었다. 늘 보던 그 그림이 저렇게 누군가의 영감이 되었다.

그동안의 내가 지났던 곳들이 빛나는 무언가가 되길 바랐다.

지나간 곳에 남은 것

여행을 가서 박물관 혹은 미술관을 간다고 하면 그 곳의 모든 작품들을 한 번쯤 훑고 나오기라도 해야 마음이 놓이는 사람들이 있다. 특히 파리에 오는 사람들이라면 오르세나 루브르를 꼭 가야 할 것만 같은 의무감 같은 것도 든다. 그렇게 되면 하루를 통째로 투자해서 전투적으로 감상하게 될 수밖에 없다. 그 결과 기억에 남는 작품은 없는데, 장소만이 남는다. 나는 개인적으로 그런 일정을 추천하지 않는다. 그렇지만 꼭 어떤 작품 하나를 가슴에 품고 돌아가고 싶다면, 미술관을 목적으로 가는 것이 아니라 내 마음을 사로잡을 미지의 작품을 목표로 하고 가는 방법을 추천한다. 그리고 편안한 마음으로 그 공간을 모두 음미하며 산책하듯 걷는 것이다. 사람 구경도 도움이 된다. 난 언젠가 멋지게 차려 입은 아주머니가 넋을 놓고 서있는 작품 앞에 같이 서있어 보기도 했다. 어떤 부분이 그녀의 마음을 사로잡은 걸까, 생각해보는 것이다. 그러다 어느 순간 발걸음이 멈춰지는 작품이 등장할 지도 모른다. 난 그럴 때 몇 분이, 몇 십분이 되더라도 그 작품을 음미하기를 추천한다. 그리고 나면 그 곳을 빠져나와도 상관없다. 나를 사로잡은 하나의 작품은 그대로 나의 여행의 기억이 되어줄 것이고, 쉽게 잊히지도 않을 것이다. 그 작품을 볼 때마다 오후의 그 미술관이 생생히 떠오를 것이다. 다른 누군가의 추천이 아닌 온전히 나의 느낌으로 그 곳을 기억하는 것만큼 확실한 방법은 없으니 말이다.

33일 전

요즘 집에 있는 물건들을 하나씩 팔고 있다.

그 중 제일 빨리 팔렸던 건 바로 밥솥.

여기 오자마자 밥솥 구하느라 중고장터를 계속 찾아봤지만

늘 팔렸다는 답을 받았던 것 같다. 그래서 결국은 새로 밥솥을 샀지만 팔 때가 되니 그 때가 생각나 가격도 저렴히 해서 쌀도 같이 얹어 드렸다. 만났던 분은 유학생처럼 보이는 분이었는데, 막 집을 구해 새 집에 놓을 밥솥을 찾고 계신 것 같았다. 괜히 마음이 찡했다. 저 때의 기분을 너무 잘 알기 때문에.

건네받은 20유로를 쥐고 집으로 가는 길에

이런 생각 저런 생각이 참 많이 들었다.

전기 밥솥 20유로에 팝니다

파리에서 살고 있는 한국 사람들이라면 모두 알고 있을 사이트가 하나 있다. '프랑스존' 이라는 한인 커뮤니티 사이트인데, 그 곳에서는 많은 일들이 벌어지곤 한다. 아르바이트를 찾고 직장을 구할 수도 있고, 내가 살 집을 구할 수도 있고, 잃어버린 강아지를 찾기도 하는 그런 곳이다. 우리도 파리에 살면서 프랑스존의 덕을 정말 많이 봤다. 특히 프랑스존 에서는 중고거래가 활발하게 이루어지는데, 잘 검색해서 찾으면 꽤나 쏠쏠하게 얻을 수 있는 물건들이 있다. 심지어 나는 프랑스에 있는 동안 기타가 치고 싶어서 중고로 30유로에 기타를 사기도 했다. 옷이나 가전제품, 식기 등 사람들이 이사를 가거나 귀국 정리를 하며 저렴한 가격에 물건을 내놓는다. 그 중 가장 인기가 많은 것이 밥솥이다. 한국인이라면 없어서는 안 될 필수품이라 중고거래 시장에서도 한 번 올리면 금방 사라지곤 한다. 밥솥을 새로 사기엔 가격이 비싸기 때문에, 빠듯한 유학생들이나 워홀러 들은 중고를 열심히 찾게 될 수밖에 없다. 그만큼 소중한 존재라는 걸 우리도 1년간 실감했기 때문에 밥솥을 팔 때, 최소한의 가격만 받자는 의미로 시세보다 꽤 저렴한 20유로의 가격에 판매했다. 예상했던 대로 글을 올리자마자 몇 분 되지 않아 사겠다는 사람들의 연락이 하나 둘 오기 시작했고, 가장 먼저 연락을 주었던 유학생 분께 우리의 밥솥을 판매할 수 있었다. 거래를 하고 밥솥을 건네 드린 뒤 감사하다며 돌아가는 그 분의 뒷모습을 보며 마음속으로 화이팅 화이팅 여러 번 외쳤다.

32일 전

하늘이 꼭 블루베리 요거트 색 같은 날들이 있다.

난 그런 날들의 그런 시간이 좋다.

예상치 못했던 이야기

파리는 우리에게 계획된 여행이었다지만, 그 곳에서의 삶은 예상치 못한 것들 투성이였다. 처음 계좌를 만들러 은행에 들렀을 때만 해도 카드를 받기까지 2달이 걸릴 거라고는 예상하지 못했으며, 지하철 안의 얌전해 보이는 꼬마 아이가 내 손이 주머니에서 나오기만을 기다렸을 것도 예상치 못했던 일이었다.

그리고 우린 길을 가다 들르는 모든 빵집의 크로와상이 그렇게 맛있을 거라고도 예상하지 못했다. 세상에 태어난 기념으로 매년 먹었던 케익 중에 올해의 케익이 최고의 케익이 될 것이라고도 예상하지 못했다. 낮의 평온한 광장이 밤에는 영화의 한 장면이 될 줄 몰랐고, 매일 다른 색깔의 노을에서 무지개 일곱 빛깔을 찾게 될 거라고는 상상도 하지 못했다. 파리는 그런 우리에게 그런 도시였다. 늘 기대했던 것 그 이상을 보여주었다. 이 예측불가한 것들이 마지막 순간에는 결국 '파리에 살길 잘했다' 라는 결론을 내려 줄 것이라는 사실 역시 우린 알지 못했다.

알지 못한 채로 시작한 남매의 1년간의 여행은 매일 매일의 삶에서 이제는 이야기로 남았지만, 동화책에 가까웠던 시간이라고 부르고 싶다. 해피 엔딩이 가까워지고 있었다.

31일 전

처음으로 시내 중심에 있는 커다란 대관람차를 탔다.
매번 지나가면서 저걸 타면 어떨까 생각만 했었는데
막상 타고 나니까 생각보다 무지 좋았다.
하늘로 쭉 올라가니 높은 건물 하나 없는 파리라서 온 도시가 다 보였고, 우리가 갔던 곳들,
봤던 건물들 다 한눈에 들어왔다. 관광객들을 위한 거라 생각하고 우린 발로 걷자 모드였
는데, 타보니 말문이 막혔다. 날씨도 너무 좋고
그에 보답하듯 도시는 너무도 아름다웠다.

보면 볼수록 정말 예쁜 도시다.
우리의 작고 멋진 영화다.

다시 시작하자, 처음인 것처럼

파리에서의 시간이 한 달 남짓 밖에 남지 않자, 우리는 마치 이 곳에 처음 온 관광객의 시선으로 우리의 익숙함을 깨려 노력했다. 어느 날 파리의 가장 중심에 위치에 있는 커다란 튀를리 공원을 산책하던 중, 여름 한시로 운영하는 작은 놀이공원을 발견했다. 삭막한 도시 안에 형형색색의 조명이 반짝거리고, 길거리에는 감자튀김이나 아이스크림, 음료수를 파는 노점상들이 몇 개 보였다. 유모차를 타고 온 아이, 뛰어다니는 어린이들 부터 중고등학생들까지 그 곳을 누비는 모습이 꽤나 놀이공원다운 느낌이 들었다. 놀이기구도 몇 개 있었다. 다른 것들은 너무 아이들을 위한 작고 앙증맞은 모습이었는데, 유난히 눈에 띄는 것이 하나 있었으니, 바로 대관람차였다. 대관람차를 타본 지가 언젠 지 기억이 희미할 무렵에 나타난 그 모습은 충분히 우리의 흥미를 자극할 만했다. 평소 같았으면 굳이 이런 놀이기구에 20유로씩이나 쓸 바에 집에 가는 길에 맥도날드한 번 사 먹고 말지 생각했겠지만, 그날은 우리 둘 다 누가 먼저랄 것 없이 '우리가 앞으로 언제 타보겠어 '하며 타자고 했다. 왠지 동심으로 돌아가 천천히 우리에게 다가오는 동그란 관람차를 보니 생각한 것 보다 훨씬 기분이 좋았다. 설레기도 했다. 관람차는 크게 한 바퀴를 돌았고, 거기서 한 바퀴를 더 돌고 우리를 내려주었다. 하늘 위에서 보낸 10분도 안 되는 시간동안 우린 계속 '우와, 우와' 거리며 마치 마법의 도시를 마주한 어린 아이가 된 것만 같았다.

30일 전

여기서 가장 먹고 싶은 음식 중 하나가 한국 치킨인데
어느 날 여기서 한국 음식을 만들어 배달하시는 사장님이
옛날 통닭을 만들어서 파신다는 소식을 듣고 냉큼 주문해 오늘 먹었다.

정말 이런 맛이 어딨다 나타났을까 싶게 맛있었다.
양념소스와 언제나 실패 없는 케찹 마요 샐러드
치킨무에 계란 튀김까지….

진정한 맛의 니라는 프링스가 아니라 한국이 아닐까…?

진정한 맛의 나라

맛있는 한국 음식을 먹을 수 있다면 우린 수단과 방법을 가리지 않았다. 그런데 어떻게 대체해도 채워지지 않는 그리움이 있었으니, 바로 한국 치킨이었다. 물론 치킨이야 파리에서도 먹을 수 있다. 우리 모두가 아는 KFC 치킨이나, 식당에서 사이드로 파는 치킨 같은 것이다. 하지만 그건 그저 튀겨진 닭이라는 공통점이 있을 뿐, 한국에서 먹던 그 수많은 종류의 치킨의 비슷한 것도 찾아볼 수 없었다. 그러던 중, 우리에게 한 줄기 빛과 같은 소식을 프랑스 존에서 접했다. 프랑스 존에는 요리 실력이 뛰어난 분들이 한국 요리나 반찬, 심지어는 꽈배기에 케익까지 만들어서 판매하는 글들이 종종 올라오는데, 그 사이에 옛날 통닭을 개시한다는 글을 발견한 것이다. 세상에, 파리에서 내가 그냥 치킨도 아니고 옛날 통닭을 먹을 수 있다니. 너무 먹음직스러워 보여 바로 그 분에게 연락했고, 이틀 뒤에 우린 예약한 치킨을 받을 수 있었다. 포장을 열어 하나씩 뚜껑을 열어보는데 웃음이 자꾸 나왔다. 저기 보이는 치킨 무, 양념, 샐러드 모두 그분이 다 만드신 거라고 한다. 치킨을 담은 봉투까지 종이로 되어 있어, 모든 것이 완벽한 세트였다. 심지어 귀여운 계란튀김도 서비스로 몇 개 넣어 주셨는데, 저 양념에 찍어 먹으니 너무 고소하고 맛있었다. 동생과 감격의 개봉식을 마치자마자 순식간에 한 마리를 해치웠다. 사장님께선 아직 그 치킨을 팔고 계실까. 많은 한국 동포들에게 정말 좋은 일 하시는 사장님께 다시 한번 감사의 인사를 드린다.

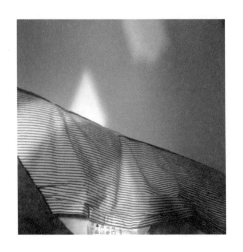

29일 전

침대에 엎드려 있었더니 햇살이 등을 덮었다.

따끈하고 포근하고 보송한 게
꼭 이불을 덮은 것 같아 좋았다.

내 탓은 아니야

유난히 침대가 포근하게 느껴지는 날이 있다. 이 날도 낮에 점심을 먹고 침대 위에 잠깐 엎어져 있었는데, 한낮을 지나 오후로 가는 햇살줄기가 창문을 넘어와 내 등을 폭 감싸는 듯한 느낌이 들었다. 그날은 점심을 먹고 밖에 나가 가족이나 친구들을 줄 만한 간식거리를 사러 큰 마트를 들리기로 계획했던 날이었다. 잠깐만 이 햇살을 업고 있다 나가야겠다 하는 마음으로 따뜻한 기운을 온 몸으로 느끼고 있는데, 이상하게 그날 따라 햇살에 이불이 바스락 바스락 거리는 느낌이 너무 포근했다. 자꾸 눈이 감길 것만 같은데, 이 나른한 기분을 깨우고 싶지 않았다. 점점 이불 위의 고개가 무거워지고, 베개의 도움을 받지 않을 수 없었다. 낮잠을 자버렸다.

그리고 눈을 떴을 때 나는 느꼈다. 이 집에 자고 있는 사람이 나뿐만이 아니었다는 걸 말이다. 고개를 슬쩍 들어 소파를 보니 동생 숨소리가 규칙적인 패턴을 보이고 있었다. 결국 그날은 둘 다 너무나 따뜻했던 햇살에 항복하고, 외출 역시 다음 날로 미룬 채 저녁이 다 되어 집 주변의 공원으로 산책을 나갔다.

가끔 햇살이 침대에 잔뜩 내려앉는 날이면, 아른아른 거리는 그 위에 몸을 누일 수밖에 없다. 이것은 순전히 둘의 전략에 내가 넘어간 것이지 내 탓이 아니다.

28일 전

나의 파리 소울 푸드 중 하나인 버블 티.

안 먹은 지 좀 되어가면 어김없이 생각나서 찾게 된다.

사실 이 날은 버블 티가 너무 먹고 싶어서 집에 누워있다 갑자기 찾아가 시켜 먹었는데, 한 입 먹는 순간 그렇게 맛있지가 않았다. 먹고 싶어서 찾아왔는데 어떻게 이럴 수 있나, 실망 하려던 차에 문득 내가 이 음료 한 잔에 꽤 많은 걸 의지한다는 생각을 했다. 무료한 일상에 서의 즐거움 혹은 특별함, 한국에서도 좋아하던 걸 여기서도 찾을 수 있다는 안정감…여러 가지 기분이 섞인 한 잔이라는 생각이 들었다.

버블 티 먹고 싶어 입에 달고 살았는데,

그 동안 이게 뭐라고 나 한테 참 많은 걸 채웠나 보다.

버블 티 없이는 한 발짝도 움직이지 않겠어

파리에 살면서 마신 커피의 양보다 버블 티가 훨씬 많았을 정도로 나는 1년동안 버블 티를 달고 살았다. 그런데 신기하게도 지금은 그 때의 향수만이 남았을 뿐, 그 때만큼 먹지 않게 되었다. 글을 쓰다 문득 왜 그랬을까 생각해보았다. 내가 자주 갔던 버블 티 가게는 95번 버스를 타고 루브르를 지나 바로 다음 정거장에 내리면 길 건너에 있었던 가게였는데, 꼭 홍차 밀크 티에 당도는 적게 하고 타피오카 펄을 추가한 메뉴를 먹곤 했다. 파리에 도착해 처음 그 가게를 발견했을 때는, 파리에서도 버블 티를 마실 수 있다는 사실이 너무 반가워 들르게 되었다. 기대했던 것보다 조금 더 맛있었을 뿐인데, 나의 1년은 버블 티와 함께한 시간이라고 해도 과언이 아니게 되었다. 아마 그 첫 버블 티가 모든 것이 낯설고 겁나는 이 곳에서 큰 위안이 되어준 것 같았다. 어디로 가야할 지 모르고, 맘 편히 앉아 있을 구석 없는 이 곳에서 그 버블 티 가게에만 가면, 내가 좋아하는 밀크 티와 달콤하고 쫀득한 타피오카 펄을 오물오물 씹으며 한 숨 쉬어 갈 수 있었으니까 말이다. 그 한 잔에 참 많은 것들이 담겨 있었다. 동생도 그런 나를 따라 버블 티를 참 많이도 마셨는데, 내가 기분이 쳐져 있는 날에는 꼭 버블 티 먹으러 갈래? 묻곤 했다. 지금 생각하니 귀엽기도 하다. 어떻게 해야 할지 모르겠을 때 버블 티를 마시다니 말이다.

27일 전

한바탕 소나기가 내린 뒤,
맑게 개기 시작한 하늘 아래,
버스를 타고 지나가다 어떤 구름을 보았다.

참 예뻐서 이름을 붙일 수도 없었다.
그저

구름다운 구름이었다.

구름이 내는 소리

구름. 이름도 참 예쁘게도 구름이다.

어느 날 하늘에 떠있는 구름이 소리를 낸다면 어떨까 생각한 적이 있었다. 구…르…ㅁ….

작은 구름은 구릅!

안개처럼 흩어진 구름은 구우우 르으으음

실가닥처럼 얇고 기다란 구름은 구르구르구르구름

.

.

.

.

.

공원에 누워 있는 사람들은 무슨 생각을 할까 그 옆에 같이 누웠던 나는 결국 구름이 내는 소리들을 상상하다 피식 웃고 말았다. 여기서는 구우름, 저기서는 구름구름… 생김새가 다 달라서 하나씩 소리 내어 보고 싶은 마음이 든다. 구우우 구우우름. 구름 구르름….

26일 전

햇살이 너무 좋아 오늘은 테라스로 나가서 마셔야지.
음료를 들고 즐거운 마음으로 한참 앉아있다 문득

어라. 왜 춥지…?

8월이 반도 지나지 않았는데 벌써 여름이 가버린 걸까.
자켓을 걸친 사람들이 오늘따라 많아 보인다.

이게 무슨 일이람.

어라, 이럴 리가 없는데

파리 사람들은 사계절 내내 테라스를 찾는다. 더우나 추우나 심지어 비가 오거나 눈이 와도 말이다. 그런데 아무리 생각해도 더운 날엔 참을 만한지 몰라도, 추운 날에도 테라스에 앉은 사람들을 볼 때 어떻게 저렇게 평온해 보일까 궁금했다. 바깥은 찬 바람이 불어 아무리 생각해도 밖에 앉아 있기는 추울 것 같은데, 꼭 테라스에 앉아있는 사람들이 있었다. 그래서 어느 날은 우리가 궁금해져 따뜻한 차를 시키기로 결심하고 잠깐 테라스에 앉아있었다. 어라, 분명 바깥은 곧 겨울이 될 것 같은 바람이 불었는데 정체모를 따스한 기운이 내 등 뒤로 느껴졌다. 결국 마법이라도 부린다는 건가, 의심스러운 눈빛으로 뒤를 돌아 그 쪽으로 시선이 향하는 순간 아차 싶었다. 나와 동생이 앉은 자리 바로 위에 빨간 불빛의 난로가 놓여있었다. 그 난로는 우리가 앉은 바로 그 자리를 데워주고 있었고, 그 덕분에 밖은 아무리 찬 바람이 분다 한들 꽤 버틸 만한, 심지어 아늑한 느낌까지 들었다.

이런 똑똑한 사람들. 이런 와중에도 난로가 대놓고 보이지는 않아서, 길을 지나면서 테라스에 앉은 사람들을 볼 때마다, 추운 날씨조차 즐길 줄 아는, 소위 말하는 '고수'들 처럼 느껴지게 만들었다. 약간의 영업 비밀을 알아버린 우리는, 그 뒤로도 테라스에 종종 앉아 커피도 마시고, 맥주도 마셨다. 왠지 파리와 조금 더 친해진 기분이 들었다.

25일 전

커피가 너무 맛있는 집을 찾았는데
같이 먹으려고 사온 타르트랑 마카롱이
진짜 너무너무너무 맛있어.

가기 전까지 1일 1디저트 한다 내가….

166

디저트는 뭐 먹을래?

프랑스와 한국이 크게 달랐던 점 중에 하나는, 한 식당에서 식사와 디저트까지 모두 해결할 수 있다는 것이다. 프랑스 사람들이 식사를 오래 할 수밖에 없는 이유가 있었다. 우리는 밥을 먹는 장소와 커피와 디저트를 먹으며 이야기하는 장소가 분리되어 있다면, 프랑스 사람들은 앉은 자리에서 해결하기 때문에 그렇게 긴 식사를 하게 되는 것이다. 그리고 식사와 함께 맛있는 와인을 꼭 곁들이는데, 그러다 보면 이야기가 하나 둘 늘어나고, 웃음소리가 커지고, 어느새 빈 그릇을 앞에 두고 한참을 더 머물게 된다. 동생과 같이 외식을 하려 식당에서 밥을 먹으면 술도 잘 못 마시는 둘은 우리보다 한참 먼저 들어온 손님들 보다 더 빨리 자리에서 일어나는 경우가 많았다. 그리고 우리는 한 자리에서 모든 걸 끝내기가 아쉬워서 디저트도 항상 그때 그때 생각한 걸 사가지고 집으로 가서 편안하게 먹곤 했다. 이렇듯 밥을 대하는 마음가짐은 모두가 다르다. 삶을 유지하기 위한 한 순갈을 뜨는 사람부터, 식사라는 습관 때문에 라도 시간에 맞춰 먹는 사람, 아니면 그 자리에서 밥보다도 더 따뜻한 이야기를 나눌 사람들 과의 자리가 좋은 사람 등등 말이다. 음식이 담긴 접시를 사이에 두고 나누는 대화는 아무래도 조금 더 다정할 수밖에 없겠지만, 파리에서 본 그들의 식사시간의 모습 이야말로 참으로 프랑스다운 모습이 아닐까 생각했다.

24일 전

오랜만에 동생이랑 맛있는 점심을 먹고
걸어서 오르세 미술관으로 향했다.
이제 시간이 얼마 남지 않았으니 어쩌면 마지막일지 모르는 그림들이라 생각하니
하나 하나가 좋았다.

사람은 참 이상하다.
매일 볼 수 있다고 생각하면 보이지 않던 것들이 오늘이 마지막이야 하면
평범을 특별로 조각한다. 꺼내지 않던 단어들을 꺼낸다. 나는 더 빠져들었고
모든 것이 조금 더 특별했다.
마지막의 한 발 전처럼 살고 싶다.
특별을 조각하며 살고 싶다.

익숙한 것들이 마지막이 되어갈 때

마지막이 가까워질수록 익숙한 것들과의 마지막 인사가 늘어났다. 자주 가던 카페도, 식당도, 미술관도, 공원도 왠지 이번이 이 여행의 마지막이 될 지도 모른다는 마음으로 들르게 되었다. 그렇다 보니 자꾸 평소엔 지나쳤을 부분들을 눈에 담게 되었다. 카페의 메뉴들을 하나하나 살피게 되었고, 자주 가던 식당에선 그동안 도전해보지 못했던 메뉴를 먹어보려 했고, 매일같이 지났던 다리 위에서 사진을 찍었다. 자꾸만 아쉬운 마음이 드는 건 어쩔 수 없었다. 이 풍경들이 이제는 더 이상 나에게 머물지 않을 것이라는 사실에 괜히 더 그 곳이 더 멋지게 느껴지기만 했다. 그래서 우린 오히려 더 많은 곳을 가지 않았다. 남은 한 달은 새로운 것들을 만나기보다 그 동안 나를 기쁘게 했던 곳 들에서 미처 다 경험해보지 못했던 빈 공간을 채워 꽉 찬 마음으로 떠나기로 결심했다.

파리를 떠난 지 한참 지나버린 지금 파리에 다시 한번 갈 수 있다면, 나는 우리 집에서 가장 가까웠던 그 식당 테라스에 앉아 커피 한잔과 막 만든 따뜻한 오믈렛을 먹고 싶다. 결국 지금의 내가 그리운 것은 나에게 가장 익숙했던 것들이다. 지겹도록 지났던 집 앞의 골목, 매일같이 들렀던 지하철 역 근처의 마트 같은 것들 말이다.

23일 전

페르난도 페소아

불안의 책.

이름만 들어도 안심되는 기분.
마치 책을 사는 이유 같은.

책을 사는 이유

가끔은 책을 읽기 위해 사는 것이 아니라, 그 책을 가져야 해결될 것 같은 마음을 사는 기분이 든다. 나는 내가 왠지 불완전한 사람임이 느껴질 때, 책으로 그 빈 공간을 채우려 했던 적이 있다. 숨 쉬며 살아있는 것 외에 나로서 어떤 의미를 가져야 했기에 책을 생존본능처럼 집어 든 적도 있다. 어렸을 땐 독서를 강요당한 적도 있었다. 그 땐 많은 책을 읽어야 좋은 어른이 되는 줄 알았다. 그리고 고3 수험생 시절엔 시집을 읽었다. 아빠가 좋아하던 시집을 집에서 몇 권 가져다 야자시간에 펼쳐 들고 읽다 자주 울었다. 아마 그 때부터 책을 갖고 싶었던 것 같다. 자주 서점에 가서 마음에 드는 책을 골랐고, 가끔 읽었다. 그렇게 알아낸 건 수많은 책들 사이에 나의 취향의 책을 골라내는 안목도 아니고, 넓은 분야의 지적 능력도 아니었다. 대신 내가 책을 읽어야 좋을 때를 알게 되었고, 그 때 읽은 책들이 지금의 나를 만들었다. 그리고 이렇게 나를 쓰고 싶게 만들었다. 내 삶이 너무 한 방향으로만 흘러가는 기분이 든다면, 서점에 가서 책을 사자. 읽지 않아도 좋으니 제목만 보고서라도 맘에 드는 책을 하나 들고 서점을 나오자. 그리고는 시간이 흐르더라도 언젠가는 그 책을 꼭 읽게 될 때가 올 테니 잘 간직해두자. 모든 게 어렵기만 할 그 때에, 그 책이 우릴 나아가게 만들지도 모를테니 말이다.

22일 전

하염없이 바라보고 싶은 것들이 있다.
세상에 사랑이 가득했으면 좋겠다.
말도 안 되는 이야기는 아니라고 말하며 살아야겠다.

하염없이 바라보고 싶은

파리는 도시의 대부분이 평지로 이루어져 있는데다, 높이 솟은 건물도 없어 위에서 아래를 바라볼 일이 잘 없다. 사진 속의 언덕이 그래서 특별하다. 파리 19구에 있는 뷔트 쇼몽이라는 공원인데, 이 공원에는 파리 시내를 한 눈에 바라볼 만큼 꽤나 높은 언덕이 있다. 온통 잔디밭인 이 언덕 위에는 누워서 햇살을 즐기는 사람들, 뛰어다니는 아이들, 사랑을 속삭이는 연인들까지 항상 사람들로 가득하다.

초록 위의 그 풍경은 정말인지 평화롭기만 하다. 맥주와 와인, 과자와 치즈를 꺼내 피크닉을 하는 사람들도 많았다. 동생과 나란히 앉아 한참을 사진도 찍고 이야기하다 보니 해가 서서히 지고 있었는데, 저무는 햇살 위의 사람들의 모습이 한 폭의 그림 같아 한참을 바라보았다. 적당한 거리를 띄운 채 옹기종기 앉아 있는 모습이 꼭 한참을 하늘을 날다 따뜻한 언덕에 내려앉은 새들의 모습과 닮아 있기도 했다. 금방이라도 날아가버릴까 두려운 그런 풍경이었다.

21일 전

아이스 라떼

맛있는 카페가

많은 동네가

진짜 멋진 동네다!

맛있는 라떼 앞에선 얼죽아 안 해

커피를 좋아하는 나는 새로운 동네에 갈 때마다, 그 동네의 카페를 꼭 들르곤 했다. 나는 항상 우유와 에스프레소 샷이 같이 들어간 플랫 화이트나 라떼를 시켰다. 그렇다 보니 좋아하는 카페들은 커피가 맛있어서 간다기 보다 라떼가 맛있는 곳들이다. 수많은 라떼를 마시다 보니 나름 나만의 취향도 생겼다. 우유의 양은 적은 게 좋고, 커피의 향에 우유의 맛이 가려져서도 안 된다. 그리고 나는 얼죽아, 즉 얼어 죽어도 아이스를 선호하는 사람이라 아이스로 마실 때가 훨씬 많은데, 얼음이 녹아도 커피 향이 유지되는 라떼가 맛있는 라떼다. 그리고 개인적인 취향이지만 잔은 동그란 잔보다 각이 진 잔에 담긴 라떼가 이상하게 더 맛있게 느껴진다. 물론 지극히 주관적인 느낌이다. 우연하게 길을 가다 오픈한 지 얼마 안 된 카페를 들렀는데, 라떼가 정말 맛있었다. 그럴 때가 제일 기분이 좋다. 아무도 모르는 나만의 비밀 공간을 찾아냈다는 사실에 어서 단골이 되고 싶어진다. 그런데 그런 보석 같은 공간은 시간이 흐르기 무섭게 사람들이 찾아온다. 어디서 그렇게 맛있다는 이야기를 들었는지, 몇 달 뒤에는 전혀 다른 모습이 되어있다. 스팀기가 분주하게 돌아가는 소리가 들리고, 어떤 사람들은 자리가 없어 돌아가기도 한다. 그럴 땐 조용히 한 잔 테이크아웃 한다. 어째서 세상에 완벽한 비밀이란 없는 걸까….

20일 전

열쇠를 잘 챙기자.
열쇠를 잘 챙기자.

문 닫기 전에 생각하자.
문 닫기 전에 생각하자….

(이하 생략)

지갑 보다 열쇠 먼저

파리에선 아직까지도 열쇠를 쓴다. 수많은 잠금 장치들이 넘치는 이 세상에서, 열쇠를 쓴다. 사진 속의 저 열쇠가 바로 파리에서 살던 집의 열쇠다. 그래서 우린 항상 외출을 할 때 버릇처럼 서랍 위의 열쇠를 집어서 들고 나가곤 했다. 자주 들고 다니던 가방의 가장 안쪽 주머니에 열쇠를 넣어두었는데, 길을 가다가도 한 번씩 생각나면 주머니 안에 열쇠가 있나 의식적으로 더듬어 보기도 했다. 그 결과 밖에서 열쇠를 어디에 두고 오거나, 소매치기를 당할 일은 없었다. 그런데 우리 집 문에는 한 가지 특이한 점이 있었으니, 문을 닫기만 해도 잠긴다는 것이었다. 그리고 그 닫힌 문은 열쇠로만 열 수가 있었다. 그래서 가까운 마트를 가거나 분리수거를 하러 내려갈 땐, 굳이 열쇠를 두 번 세 번 돌려서 잠그지 않고 문만 닫고 나갔다 오곤 했었다. 그렇게 나태해진 순간 사고는 발생한다. 어느 날은 아무 생각 없이 마트에 장을 보러 갔는데, 돌아와 문을 열려고 하니 열쇠가 없었다. 집 안에 두고 나온 것이다. 아무리 힘을 써도 열리지 않았다. 결국 가까운 곳의 열쇠공을 불렀다. 열쇠를 복사해야 하는 건 줄 알았더니, 얇은 판 같은 걸 문 사이에 넣고 몇 번 슥슥 밑으로 내려 금세 열었다. 30초도 안 걸린 그 행위의 비용은 자그마치 80유로. 그날 동생한테 잔소리를 잔뜩 듣고서 그 뒤로는 나갈 때 지갑보다 열쇠를 먼저 챙겼다. 지갑에 든 돈보다도 비싼 열쇠니 말이다.

19일 전

저녁 마실 겸 버스 타고
커피를 한잔하러 나왔더니 보이는 풍경.
파리에 있는 스타벅스 중 가장 예쁜 곳.
그리고 돌아가는 길에 버스 정류장에 앉아있는데
주변의 가로등이 한 번에 켜지는 걸 보았다.

정말 다른 건 다 내버려 두고
이 도시가 밤에 나에게 보여주는 것들은
감탄으로 답할 수밖에 없다.
어떤 길이라도 걷고 싶은 밤들이다.
돌아가기가 아쉽게 몇 일 남지 않은 밤들이다.

카페에 앉아 쓰는 이야기

이 곳은 워낙 소매치기에 민감한 곳이라 어딜 가나 가방을 사수하고 주머니를 비우기 바빴다. 실제로 동생은 핸드폰을 잃어버리기도 했었고, 몇 차례 지하철에서도 나와 알 수 없는 누군가와 손이 맞닿는 경험도 했다. 누가 그랬다, 유럽에서는 빈 자리에 놓인 가방을 탐낸다면, 한국에서는 그 자리를 탐낸다고. 웃기면서도 새삼 뿌듯했다. 세상에 그런 나라가 몇이나 되겠는가. 아무리 빈 자리에 지갑을, 노트북을 두고가도 몇 시간이 되도록 그대로 있다니. 생각해보니 이게 더 놀라운 일이다. 택시에 핸드폰을 두고 내려도 찾을 수 있는 나라가 대한민국이다.

그렇지만 파리에서의 그런 열악한 환경 속에서 의식적으로 핸드폰과 지갑을 챙기는 버릇을 들이다 보니, 나름의 좋은 점도 있었다. 절대 내가 밖에서 물건을 잃어버릴 일이 없다는 것이다. 지하철 하나를 환승할 때마다 가방 주머니를 만져보고, 식당에서 계산을 하고 나오자마자 깊숙한 주머니 안으로 지갑을 몰래 넣다 보니, 평소 덜렁대던 성격인 나도 철두철미한 면모를 갖추게 되었다. 슬슬 유럽여행 혹은 파리 여행을 계획하고 있다면 한 가지는 꼭 기억하면 좋겠다. 낯선 누군가와 몸이 닿는 매 순간, 나의 지갑과 핸드폰의 안부를 반드시 챙겨보아야 한다는 것. 생각보다 누군가와 몸이 닿을 만큼 가까이 있을 일이 많이 없어서 매 순간 긴장할 필요는 없지만, 보통 사고는 그럴 때 일어나니, 그 순간만큼은 가방을 사수하자.

18일 전

오랜만에 예전 사진들을 구경하다
내가 일을 시작한 지 얼마 안 되었을 때쯤
요리와는 거리가 아주 멀었던 동생이
아침을 차려준다며 내가 일어나기도 전에
주방에서 부스럭거리다 차려준 아침 사진을 보았다.
이 때만 해도 참 낯선 것들이 많았을 때라
동생이 차려준 이 아침이 너무 큰 응원이 되었다.
물론 여전히 아침에 늦잠도 자고 말도 잘 안 들어도
1년동안 동생이 있어 좋은 것들이 훨씬 많았다.
둘이라서 더 기쁘고 덜 슬펐나 보다.

기적의 아침밥

이 날이 얼마나 기적 같은 날이였냐면, 이 날을 마지막으로 한 번도 우린 아침을 먹지 못했다. 지금까지도 동생은 아침잠이 너무 많아서, 엄마도 아빠도 더 이상 이 아이를 깨우는 일에 너무 많은 에너지를 소모하지 않으신다. 그런 동생이 아침을 차리게 된 계기는 이렇다. 내가 일을 시작한 지 몇 일 안되었을 때라, 종이에 잔뜩 해야 할 일들을 적어 다니곤 했다. 그리고 끝나고 동생에게 생각보다 할 일이 많고 제시간에 끝내기가 어렵다고 하소연했다. 그 말을 듣고 누나가 타지에서 새로운 일과 사람들 사이에서 적응하느라 받았을 스트레스를 자기도 느꼈는지, 어느 날 아침에 갑자기 씻고 있는데, 주방에서 달그락 달그락 소리가 났다. 졸린 눈에 부스스한 머리로 접시에 뭔가 차곡차곡 담는 소리가 나더니, 나와보니 저런 광경이 펼쳐졌다. 버터와 잼을 바른 비스킷, 요거트, 바나나에 계란프라이까지. 나름 예쁘게 담아본다고 플레이팅도 신경 썼는데, 그 모습이 너무 귀여웠다. 누나를 생각하는 마음을 담아봤어! 라고 말하는 것 같은 아침 상이었다. 원래 아침을 잘 안 먹어서 일어난 지 얼마 안 된 상태에서 먹기는 배가 불렀지만, 오렌지 주스까지 한 컵 원 샷 하고 집을 나섰다. 동생의 이런 구석 때문에 난 동생을 좋아한다. 하루뿐인 아침이었지만 그날 나는 평소보다 몇 배는 더 힘내서 일했고, 낯설었던 것들도 금방 익숙해졌다. 함께 라는 게 너무 좋았다.

17일 전

집 안이 서서히 비워지고 있다.
선반에 올려 두던 잡동사니들을 서서히 치우고
필요 없는 물건들을 버리며 지내고 있다.
작은 크리스마스 트리가 아직까지 놓여있던 저 선반도
오늘에서야 다 비웠다.

집 안이 처음 이사 왔던 그 모습과 닮아가고 있다.
우리 다음엔 어떤 이야기를 가진 사람들이 와서
저 선반을 채우며 살아갈까.

비워지는 중입니다

우리 집에는 벽 하나 위에 저렇게 나무 선반 하나가 덩그러니 놓여있었다. 높이가 꽤 있어서, 실용적인 무언가를 두기는 불편한 위치였다. 그래서 고민 끝에 우린 그 위에 작은 알전구를 널어 두었다. 밤이 되면 그 전구를 켜서 나름 낭만적인 분위기를 내보고자 함이었다. 그렇게 몇 달이 흘러 크리스마스 시즌이 다가왔다. 집에 뭐라도 티를 내고 싶어서 작은 트리를 사서 선반 위에 올려 두었다. 그리고 얼마 안 되어 새해가 밝았고 프랑스의 주현절이라는 기념일이 돌아왔다. 패스츄리로 만든 파이처럼 생긴 갈레뜨 안에 작은 인형을 숨겨두고 가족 친구들끼리 먹다 그 인형을 발견한 사람이 그날 하루 왕이 되어 원하는 걸 다 할 수 있다는 풍습이 있다. 갈레뜨가 맛있기로 유명한 빵집에 줄을 서 작은 걸로 사와 동생과 먹었다. 거기서 나온 금색 토템 같은 인형을 열심히 물로 씻어 그 위에 같이 올려 두었다. 그 뒤로도 스페인 여행을 가서 사온 엽서나, 열쇠고리 같은 것들이 그 선반을 채웠다. 그렇게 1년의 시간을 꾹꾹 채운 선반을 비우고 나니 저 선반이 왜 있었는지 알게 되었다. 저 위엔 작고 반짝이는 추억들을 담기에 제격이었다. 아마 우리 다음에 이사오는 분들도 저 선반 위에는 소중한 시간을 담게 될 것이다. 특별한 날엔 저 위를 예쁘게 꾸미고, 기억하고 싶은 날의 사진을 올려 둘지도 모른다. 지금쯤 저 선반은 무얼로 채워져 있을까.

16일 전

캐리어를 오랜만에 펼쳤다.
아직 집에 가기까진 조금 남았지만
그 전에 우린 마지막 홀리데이의 일정이자
남매 우애 여행을 런던으로 떠나려고 한다.

런던이 나에겐 제일 가보고 싶은 도시였다. 사실 어떤 걸 보고 싶어 간다기 보단, 그냥 여
유롭게 맛있는 플랫 화이트 한 잔 이면 된다. 그날 그날 가고 싶은 곳으로 발걸음하고 싶다.
여행가기 전날은 항상 그랬듯 기분이 좋다. 공항에 좀 질려 있었는데 심지어 이번엔 기차
여행이다. 마지막 여행의 여행이다. 그저 행복을 위해 떠나야겠다. 그저 행복!

남매 우애 여행

오래 전부터 런던이라는 도시에 대한 로망이 있었다. 깔끔하게 차려 입은 사람들이 카페에 앉아 플랫 화이트를 한 잔씩 자리에 두고 노트북으로 열심히 일하고 있는 모습 같은 것이다. 왠지 정중하고 친절한 사람들이 많을 것 같았다. 그래서 우리의 워킹 홀리데이의 마지막은 런던에 가기로 결정했다. 보통 여행을 간다고 하면, 거기서 보고 싶은 관광 명소나 맛있는 음식을 기대하며 가는 경우가 많은데, 난 욕심이 없었다. 대신 꼭 해보고 싶은 것들이 몇 개 있었는데, 카페에서 맛있는 플랫 화이트 마시기, 애프터눈 티 타임 가지기, 영국식 조식 먹어 보기, 뮤지컬 하나 꼭 보기. 이 외에는 큰 계획을 가지지 않은 채 짐을 챙겼다.

아무것도 없는 온전한 홀리데이는 꽤나 늦게 우리를 찾아왔지만, 어느 때보다도 설레는 마음이었다. 비록 우리가 아직 처리해야할 일들이 남았지만, 이 순간만큼은 생각하지 않기로 했다.

15일 전

누군가 그랬던 것 같은데
고장 난 시계가 아주 고장 난 게 아닌 이유는
하루에 두 번씩은 맞기 때문 이랬나.

– 어느 날 밤 10시 5분에

고장 난 시계

　파리에서의 시간들은 꼭 고장 난 시계와 비슷한 나날들이었다. 거짓말처럼 아름다운 도시는 늘 한결같은 모습으로 우리에게 머물러있었고, 우린 그 사이에서 시간이 어떻게 흘러가는지도 모른 채 하루 하루에 최선을 다할 뿐이었다. 그러다 어떤 날에 우연히 마주한 풍경은 멈추어 바라볼 수밖에 없을 만큼 찬란하고 아득했다. 1년 동안 우린 그렇게 어딘가 가 멈춰버린 세계에 있었다. 시간은 누구에게나 공평하게 흘러간다고 하지만, 그 때 우린 그 말을 믿지 않았다. 매일이 행복에 겨운 것은 아니었지만, 하루에 두 번 정도는 기뻤던 그런 시간들이었다. 사소한 일상에 마음을 담아 보기도 했고, 의외의 순간을 나름대로 즐기게 되기도 했다. 한 가지 확실한 건, 참 멋진 도시에 살았다는 것이다. 지금의 우린 1초도 쉬지 않고 잘 굴러가는 시계를 차고 있지만, 멈춰버린 시계가 걸린 삶이 그립다. 어떻게 되어도 이상할 것이 없는, 한밤중이 낮이래도 할 말이 없는 그 때가 그립다. 꽤나 긴 여행 이랬지만 끝은 있었기에 마지막 페이지를 덮을 수 있는 책이 되고 말았다. 이야기는 그렇게 책이 되어간다.

14일 전

기차도 늦고 지하철도 늦고 다 늦었지만

런던 (무사히⋯)도착!

mind the gap

나에게 런던이라는 도시는 어떤 이미지만으로 가득한 도시였다. 길을 걷는 사람들의 꼿꼿한 자세와 약간은 빠른 발걸음, 그리고 단정한 옷차림이 떠올랐다. 세인트 판크라스 역에 도착하자마자 바라본 런던 역시 그런 느낌이었다. 여름이라기엔 날씨가 꽤 쌀쌀했고, 그래서인지 따뜻한 환영의 느낌보다 하늘에서 뚝 떨어져 역에 놓인 기분이 들었다. 반겨주는 이 없는 낯선 도시였지만, 그동안 떠올리기만 했던 도시에 직접 발을 디딘 기분은 새로웠고 떨렸다. 파리의 북역보다 조금은 정갈하고, 조금 더 질서 있게 바쁜 런던의 첫 인상은 이 여행을 조금 더 여행 답게 만들어주었다.

숙소로 찾아가는 과정이 약간 복잡했다. 교통카드를 구매하는 법도 잘 몰랐고, 역이 넓고 낯설어 약간 헤맸긴 했지만 어찌 저찌 열차를 타려 플랫폼에 도착했다. 우리가 갈아타려던 역은 지상으로 나와있었는데, 열차를 기다리는 도중 생소한 문장을 발견했다.

'mind the gap'

역과 기차 사이의 틈을 조심하라는 뜻인데, 이 단어 조합이 낯설었다. 나중에 돌아다니다 보니, 지하철이 들어올 때마다 방송으로도 이야기해주더라. 낯설지만 뜻을 알 것만 같은 문장을 가만히 읽고 있자니, 여행이 실감났다. 이렇게 너무나 당연한 것들이 달라진 순간, 진짜 여행이 시작된다.

13일 전

이것이 '그' 잉글리쉬 브렉퍼스트인가…!

런던을 위한 런던 1

1편 잉글리쉬 브렉퍼스트

런던에 가면 꼭 해보고 싶은 것 중에 하나가 바로 영국식 조식, 잉글리쉬 브렉퍼스트를 먹어보는 일이었다. 사진을 보면 알겠지만, 그렇게 특별한 음식이 있는 것은 아니다. 호텔에서 제공하는 아침이 말 그대로 잉글리쉬 브렉퍼스트 겠거니 하고 졸린 몸을 이끌고 내려가 먹었다. 구운 빵과 소시지, 스크램블 에그와 베이크드 빈. 그리고 빼놓을 수 없는 얼그레이 티까지, 꽤나 제대로 된 아침 식사를 했다. 저 베이크드 빈은 영국인들이 매 아침마다 꼭 챙겨 먹는 음식이라고 하는데, 보기보다 나머지 음식들과 정말 잘 어울린다. 난 콩을 별로 좋아하지 않는데, 내가 먹어본 콩 중에 최고의 콩이다. 그리고 평소엔 항상 커피를 마셨다면, 영국에서의 첫 날은 꼭 티로 아침을 시작 해야겠다고 생각했다. 따뜻한 물에 티 백을 우리다 보니 사실 그 티 백은 파리에서도 사 먹어 본 적 있던 브랜드의 티 백이었다. 그런데도 왠지 특별하게 느껴지는 이유는 무엇이었을까. 두 나라는 너무나도 가까워 이미 서로가 많은 것들을 공유하고 있을 텐데 말이다. 왠지 그 곳에 있어야할 것 같은 게 그 자리에 있었기 때문일까. 아니면 작은 바다를 건너오며 내 마음이 변해버린 걸까.

12일 전

그동안 크게 몸에 와 닿지 않았던 생각 중에 하나였는데,
주변에 플라스틱을 쓰지 않으려 노력하는 사람들이 꽤 많았다.
그래서인지 이 곳에서는 빨대도 꼭 종이로 된 빨대를 쓰려 노력하고,
테이크 아웃 잔도 줄여보며 작은 노력들을 했다.

작은 노력을 하다 보니, 왠지 모르게 내가 우리 모두가 살아갈 환경을 위해 무언가 도움이
되는 사람이 되었다는 사실이 뿌듯했다. 돌아가서도 내가 할 수 있는 아주 작은 것들부터
긍정적인 변화를 이뤄내는 사람이 되었으면 좋겠다.

푸르고 맑은 날들

런던에서 만난 살아있는 공익 광고를 보며 세상이 조금씩 '우리'에 초점을 맞추고 있다는 생각이 들었다. 너와 나를 넘어서 너와 내가 살고 있는 이 지구의 아픔까지 들여다보는 것이다. 도시락집에서 일할 때, 꽤나 많은 사람들이 도시락을 포장하려 락앤락 통을 가져오는 모습을 보았다. 바쁜 점심시간이고, 매번 아침마다 챙기는 것도 귀찮은 일일 텐데 항상 그렇게 통을 챙겨오는 사람들이 있었다. 그 당시의 나는 아직 그런 문화가 익숙하지 않아서 신기하게 생각했는데, 지금은 한국에서도 다회용기, 리유저블 컵을 사용하는 사람들이 많이 늘어났다. 같이 일하던 오빠는 늘 개인 수저를 수저통에 들고 다니면서 점심때마다 꺼내 쓰곤 했는데, 그 모습이 참 인상적이었다. 그리고 그 모든 것들이 자연스레 몸에 배어 있는 듯한 움직임을 보니 감동적이기까지 했다. 사람과 사람 사이를 넘어, 보이지 않는 곳에 사는 동물과 식물들까지 생각하는 작은 마음들이 너무 아름다웠다. 혼자서는 아무것도 할 수 없는 세상이니 앞으론 더욱 같이 행복할 수 있는 방법들이 많이 등장하겠지. 앞으로의 우리가 기대된다. 푸르고 맑은 날들을 기대한다.

11일 전

영국에 오면 꼭 해보고 싶은 것 중에 하나가 바로
애프터 눈 티 타임이었는데, 오늘 소원을 성취하고 말았다.

게다가 아주 구체적으로 삼단 접시에 꼭 스콘이 담긴
아름다운 그림을 꿈꿔왔는데, 눈 앞에서 보니 참 먹음직스럽고 예뻤다.

원래는 얼어 죽어도 아이스라 따뜻한 티는 잘 시키지 않는데,
향긋하고 고소해서 금세 한 티팟을 비웠다.
애프터 눈 티 타임이 영국 사람들에게 그렇게 소중하다던데,
나 같아도 매일 이 시간이 기다려지지 싶었다.

194

런던을 위한 런던 2

2편 애프터 눈 티 타임

영국 사람들이 무엇보다 소중하게 생각하는 오후의 차 한 잔을 실제로 마셔보니 확실히 알겠다. 이 시간이 왜 그토록 소중한 지. 세상을 살면서 차 한 잔 마실 시간이 있다는 것은 인생이 꽤 행복하게 흘러가고 있다는 뜻이기도 하다. 이 날 이후로 나는 아무리 정신없고 바쁜 날이라도 잠깐 시간을 내서 뭔가를 마시는 시간을 갖는다. 그리고 평소엔 커피를 항상 마시곤 했는데, 영국 여행을 하게 된 이상 티팟에 우린 차를 꼭 마셔보고 싶은 소망이 있었다. 단순히 차 한잔이 아닌 맛있는 음식들에 호사를 누리며 차를 곁들여 마시긴 했지만, 그 시간은 유난히 평온했다. 여유가 절실해지는 순간마다 이 페이지를 펼쳐 그 시간을 떠올릴 것이다. 방금 떠오른 생각인데, 앞으로 나의 목표는 따뜻한 차를 마시는 어른이다. 집에서 언제든 원하면 맛있는 차와 커피를 마실 수 있는 삶이라면 바쁘게 흘러가는 작은 하루 들에도 목적지가 생길 것이다. 그렇게 오늘도 한 칸씩 도달하는 따뜻한 오후를 맞이할 것이다.

10일 전

내가 태어나서 한 선택 중에 잘한 것들이 몇 가지 있는데,

오늘 저녁에 이 뮤지컬을 봐야지 결심한 순간도 그 중 하나겠다. 아주 어릴 적 내가 열 살

쯤 되었을 때 캐나다에 여행 가서 보았던 오페라의 유령. 그땐 참 멋진 뮤지컬이다 했던

기억만 있었는데, 14년쯤 흐른 지금 나는 보는 내내 감탄에 감탄을 하며 볼 수밖에 없었

다. 마법에 걸렸다 풀려나는 느낌. 아름답다는 말을 할 수도 없이 벅찼던 두시간이었다.

어떤 아름다운 것들을 보아야 저런 노래를 만드는지 참. 그저 좋아서 가슴이 뛰고 눈물이

났다. 이 기쁜 마음과 벅찬 가슴을 기억하며 살아야지.

난 아름다운 것들이 너무나도 좋다.

그러니 바보 같다 하더라도 늘 사랑을 쫓으며 살아야지.

The point of no return

엉엉 울었던 날이다. 왜 눈물이 났을까 생각해보면, 나조차도 알 수 없었던 나의 먼 옛날 어릴 적 꿈을 마주한 기분이었다. 세상이 이랬으면 생각했던 때가 있었다. 거리엔 늘 색색의 꽃이 피고, 사람들은 서로 눈을 맞추며 웃는 모습으로 가득하며, 어딜 가나 음악이 흐르고 사랑으로 촘촘히 채워진 세상이 있다면 좋겠다고 생각했던 때가 있었다. 오페라의 유령을 보며 잠깐이지만 그 곳에 내가 있는 기분을 느꼈다. 모든 넘버들이 아름다우며 황홀했다. 그리고 공연장의 분위기와 사람들의 눈빛, 멋진 무대를 앉은 자리에서 모두 느낄 수 있었다. 크리스틴과 팬텀의 The point of no return 이 흘러나오고 극이 절정에 다다랐을 때, 알 수 없는 감정에 눈물이 쏟아져 나왔다. 자꾸 자꾸 흐르며 나를 일으켜 세웠다. 나의 꿈들이 저 안에서 견디지 못하고 비집어 나왔다. 어릴 때부터 막연하게 바라보며 걸었던 그 세상이 내 앞에 펼쳐지고 있었다. 여태껏 보았던 뮤지컬과는 다른 감상이었다. 어쩐지 애달프고 가슴이 조여지는 게, 잔잔한 나의 삶에 큰 물결이 일어나는 듯했다. 그런 순간을 맞이하게 된다면, 죽을 힘을 다해서라도 그 곳에 다가가야 한다고 생각했고, 앞으로 난 계속 그 곳으로 다가갈 것이다. 찬란하고 아름다운 그 미지의 곳으로.

9일 전

내가 마지막 날 돈이 남으면

너 꼭 데리러 올게…. 거기 그대로 있어야 돼….

패딩턴 이야기

저 작은 곰돌이의 이름은 패딩턴이고, 지금 내 곁에는 없다. 결국 마지막 날엔 계획했던 것보다 많았던 지출에 저 아이를 포기할 수밖에 없었다. 처음 저 곰돌이를 만났을 땐, 초롱초롱하게 나를 바라보는 것 같은 저 눈빛이 자꾸 나와 함께 가겠다고 말하는 것 같아 내려놓기가 너무 힘들었다. 그런 눈빛을 이기지 못하고 사버린 인형이 집에 한 가득이지만, 그래도 아쉬운 건 어쩔 수 없었다. 이름을 알았으니 여기서도 원한다면 살 수도 있었겠지만, 런던의 백화점에서 만난 저 아이는 아닐 테니 나중에 내가 다시 그 곳에 가게 된다면 꼭 데려오기로 약속한다.

두고 온 것이 생겼으니, 다시 가게 되는 일도 생기지 않을까 생각했더니 갑자기 약간 설레기도 한다. 해외로 나가지 못한 지 3년이 다 되어가는데, 언젠가 내가 다시 런던을 가게 된다면 아마 패딩턴 때문이라고 핑계를 대며 떠나버릴 것 같다. 귀여운데 어떡해. 아직도 날 기다리고 있을지도 모르잖아.

8일 전

진짜 오랜만에 먹는 해산물의 맛….
그것도 비싼 해산물의 맛….
한국 돌아가면 회에 매운탕 예약이다….

비싼 해산물의 맛

나는 회를 진짜 좋아한다. 주기적으로 싱싱한 회를 꼭 먹어야 하는 사람인데, 파리에 오니 내가 먹을 수 있는 회라곤 집 근처에 있는 초밥집에서 파는 연어나 참치 사시미 밖에는 없었다. 그것도 냉동된 것들을 잘라 파는 지라, 맛있지도 않았는데 비싸기까지 했다. 그래서 한국에 돌아가면 가장 먼저 우럭을 먹으러 가야지 벼르고 있던 차에, 런던에서 우연히 랍스터를 파는 가게를 발견했다. 예상보다 비싼 가격이라 망설이긴 했지만, 한국으로 돌아가기 전에 한 번쯤 맛있는 해산물을 먹는 것도 나쁘지 않을 것 같아 도전했다. 랍스터를 통째로 버터에 구운 요리 하나와 랍스터 살만 발라 양념해 샌드위치 안에 토핑 해 넣은 요리를 시켰다. 항상 먹던 것들 안에서만 메뉴를 고르다가 오랜만에 새로운 음식을 먹으니 기분도 좋았고, 맛도 꽤 있었다. 동생도 연신 진짜 맛있다는 말만 늘어놓으며 순식간에 접시를 비웠다. 그렇게 맛있는 점심을 먹고 나오는 길인데 어쩐지 허전한 느낌이 들었다. 해산물을 먹고 항상 매운탕이나 라면을 먹고 깔끔한 기분으로 나왔던 한국 횟집이 자꾸 생각났다. 슬슬 돌아갈 때가 다가오고 있구나, 새로운 곳에서 자꾸만 익숙함을 찾고 있는 내 마음이 그렇게 말하는 듯했다.

7일 전

킹스맨을 촬영했던 양복점이라고 해서 동생이 꼭 봐야 한다며 나를 데려갔던 곳. 영국 하면 떠오르는 것 중에 하나가 테일러 샵인데 신기하게도 가게들에 저렇게 반지하에 딸린 수선 공간이 있다는 것이다. 저 곳에서 아마 맞춘 양복을 한 땀 한 땀 만드는 건가 보다. 그러고 보니 여행 내내 특히 양복 차림의 남자들이 많았다. 직장인 들인데도 참 멋지게 자기만의 멋으로 소화했다. 마치 영화나 드라마 속에 나오는 사람들처럼 말이다. 사람들도 참 친절하고 표정도 밝고 도시는 경쾌했다. 내가 본 것이 당연히 전부는 아니겠지만 나에게 런던은 멋진 도시로 기억될 것 같다. 내가 행복해서 그런지, 활짝 웃고 있는 사람들이 많은 도시였다. 언젠가 꼭 다시 오고 싶은 곳이다.

3편. 테일러 샵

낯선 나라에 가면 가장 크게 와 닿는 장면이 한 가지씩은 있는 것 같다. 예를 들어, 일본에 갔을 때 나는 다양한 음료를 파는 예쁘고 깨끗한 자판기들이 기억에 남았다. 이렇듯 그 나라만의 기억을 가지게 되는데, 런던은 나에게 깔끔한 양복 정장의 느낌으로 아직까지 기억되고 있다. 아침에 길을 나서면 지하철에, 길거리에 깔끔한 옷차림의 사람들이 참 많았는데, 자유로운 차림의 사람들이 가득했던 파리와는 사뭇 달랐다. 각자의 길로 흩어진 와중에 정돈된 느낌이 거리 위에 있었다. 파리의 지하철에선 책 읽는 모습이 많이 보였다면, 런던에선 신문이나 잡지들이 많이 보였다. 이렇게 어떤 하나의 장면들로 이루어진 나의 기억들은 한국에 돌아와서도 문득 나를 한 번씩 두드릴 때가 있다. 잔디밭 위에 아무것도 깔지 않고 나란히 앉아 병맥주를 마시며 신나게 이야기하는 사람들을 볼 때면, 파리의 공원이 떠오르고, 깔끔한 정장차림으로 지하철에 타는 사람들을 볼 땐 런던이 그리워지기도 한다. 사소한 순간들에 자꾸 여행의 조각들이 마음을 콕콕 찌르고 사라진다. 어쨌든 여행은 지나고 나면 행복한 모습으로 조각되어 보관되기에, 자꾸 떠나고 싶어지는 지도 모르겠다.

6일 전

런던의 마지막 날 밤 산책을 하다
커다랗게 빛나는 런던아이를 지나다 문득,
시간이 너무도 쏜살같이 지나가고 있다는 생각이 들어 겁이 났다.
그래서 어떻게든 순간을 잡아 두려 이렇게 저렇게 사진을 찍었다.
지나가는 순간들이 아쉬워진다. 그럴수록 지금 나의 하루가 소중해진다.

이렇게 매일을 살고 싶다.
지나가는 시간이 아쉬워 붙잡고 싶게.
붙잡지 못하니 최선의 최선을 다하게.

최선의 최선을 다하게

평소에 여행을 가도 사진을 잘 찍지 않는 편이라, 다른 사람들처럼 사진첩이 흘러내릴 일은 없다. 대신 내가 사진으로 남긴 순간들은, 너무나 아쉬운 날들의 기억이 담겨있다. 즐겁고 행복한 순간들은 즐겨서 보내 버리는 편인 데도, 그럼에도 끝나감이 아쉽고 너무도 소중한 시간인 것 같을 때, 사진을 찍었다. 런던에서의 마지막 날 찍은 저 사진도, 여행하는 내내 즐겁고 행복하기만 해서 돌아다니고 먹고 구경하기 바빴는데, 마지막 날이 되니 갑자기 모든 것들이 아쉽고 떠나보내기 싫어져 찍었다. 몇 발짝 걷고나서 밤 불빛이 아른거리는 템즈를 바라보니 또 아쉬워 사진을 찍었다. 지금도 글을 쓰다 그 때 그 곳들이 너무 생생히 떠올라 구글 지도를 켜서 그 때 갔던 곳 들을 다시 여행하듯 스트리트 뷰로 찾아보았다. 다행히 이렇게 글과 사진으로 그 기억들을 잘 모아 보관할 수 있게 되어 기쁘다. 아무리 그날들이 아쉽고 아쉬웠다지만, 떠나는 날 마저 지금의 나에겐 여행이었기에, 발걸음이 떨어지지 않았던 그날을 마음껏 곱씹어 본다.

5일 전

드디어 마지막 짐이다.
이번 목적지는 한국이고
집도 깨끗하게 정리해서
걱정이 없는 줄 알았는데,
캐리어가 생각보다 무겁다.

마지막 걱정이 하나 생겼다.

돌아왔지만 돌아가야 해

런던에서 파리로 돌아왔다. 이제 남은 여행은 마지막 목적지, 한국이다. 돌아오는 길 내내 아무 생각하지 않으려 애썼지만, 챙겨야 할 짐부터 떠나기 전에 해결해야할 일들이 자꾸만 떠올라 마지막을 온전히 음미할 수는 없었다. 어디가 가장 좋았어, 여기 참 멋졌는데, 이런 말들 보다 '집 주인이랑은 언제 보기로 했어?', '캐리어에 짐 다 안 들어가면 어떡하지'같은 이야기들을 나누며 집으로 돌아왔다. 꿈만 같은 런던 여행을 뒤로 한 채 익숙하고 익숙한 우리 집으로 돌아왔다. 있던 물건들도 많이 팔고, 짐도 많이 정리 해놓고 떠나서 집이 유난히 더 허전하게 느껴졌다. 누가 봐도 곧 떠날 사람들이 사는 집. 버릴 것들을 버리느라 둘만 들어가도 비좁은 엘리베이터를 몇 번 오르락 내리락 했다. 동생은 자꾸 무언가를 생각하는 듯해 보였고, 이럴 때 내가 해줄 수 있는 말은 그저 '오늘 뭐 먹을래.' 별 일 아니라고 생각하고 싶은 마지막이지만 자꾸 별 일처럼 느껴지는 저녁이었다. 한참이 흘러 드디어 파리가 집처럼 편안해졌는데, 집으로 돌아가야 한다고 말하는 마지막은 왠지 어색하기만 했다. 저녁을 차려야겠다. 늘 그랬듯이 말이다.

4일 전

길을 걷다 갑자기 구석에 웬 커다란 뭉치가 하나 놓여있길래 깜짝 놀라서 발을 옆으로 피했다. 그리고 짧은 순간 머리를 굴려보니 비둘기인 것 같은데, 이 애는 움직이질 않았다. 그래서 그 다음으로 혹시 죽은 걸까, 다친 걸까 가슴이 덜컥해 무서운 마음으로 뒤를 돌았는데 글쎄, 잠을 자고 있었다. 눈을 꼭 감고 몸을 구석에 웅크리고 말이다. 너무 다행이라 생각하면서도 한편으로는 너무 귀여웠다. 얼마나 졸렸으면 친구들 있는 공원까지도 못 갔을까. 그리고 어떻게 옆에서 그 호들갑을 떠는데도 눈 하나 깜짝 안하고 잘까. 피곤한 비둘기는 세상 처음 보는 지라 피식 웃으며 뒤돌아 쭈그리고 앉아 사진을 찍었다.

익숙해도, 낯설더라도

지금도 길거리에 비둘기들을 볼 때마다 파리의 비둘기들이 떠오른다. 관심 없던 비둘기의 다양한 모습들을 처음 발견한 건 파리에서였기 때문이다. 어떤 비둘기들은 앉아서 햇살을 즐기기도 하고, 어떤 아이들은 저렇게 골목 구석에서 잠을 자기도 한다. 그 1년동안은 새로움 투성이인 곳에서 익숙한 것들을 찾아 나서고, 그러던 와중에 익숙한 것들도 새로워지는 과정의 반복이었던 것 같다. 계절이 변하는 모습을 온전히 음미할 수 있었고, 그 안에 내가 살아가고 있다는 게 마냥 신기했고 좋았다. 거리 위의 수많은 사람들을 구경하며 정말 다양한 모습의 삶이 있구나 느끼기도 했다. 살아간다는 것에 대한 나름의 생각을 했던 시간이었다. 집에서 요리를 해보고, 산책도 했다. 평소엔 잘 하지 않던 것들이다. 나와 다른 말을 하는 친구들을 만나고, 같은 말을 하는 친구들도 만났다. 저마다 좋아하는 음식도, 술도, 음악도 달랐지만 이야기를 나누고 시간을 보내는 건 언제나 즐거웠다. 파리라는 도시가 준 선물은, '그래도 된다'는 것이었다. 낯선 곳이 낯설게 느껴지는 것도 괜찮고, 그 와중에 나의 행복을 찾아 끊임없이 두리번거려도 괜찮다는 것. 그래도 계절은 변하고, 아침은 밝아올 테니 두려워하지 않는 것이다.

3일 전

떠나기 이틀 전이다.
마지막이 늘어가고 있다.

제일 좋아하는 쌀국수도 마지막으로 먹는다.
배고픈데 이곳 음식은 먹고 싶지 않을 때 항상 왔던 곳.
국물 한 숟갈 딱 먹으면 어딘가 기분이 좋아졌는데,
1년동안 있으며 그런 곳이 생긴 것만으로도 기뻤다.
먹으면 어딘가 기분이 좋아지는 음식.
한국에서 먹으면 또 이런 맛이 안 나겠지?

마지막은 쌀국수가 좋겠어

　다른 건 모르겠는데 쌀국수만큼은 아직 저 맛을 이길 새로운 식당을 찾지 못했다. 그래서 자꾸 그 쌀국수가 떠오른다. 처음엔 친한 언니의 추천으로 가게 된 식당이었는데, 국물도 진하고 맛이 풍부한 게 파리가 사실은 쌀국수가 유명한 나라가 아니었을까 하는 생각이 들 정도였으니 말이다. 국물을 먹는 나라가 아니다 보니, 추운 겨울에 따뜻한 국물이 먹고 싶으면 항상 그 집을 찾았다. 그리고 그 근처에서 후식으로 버블 티까지 마시고 집에 돌아오면 평생 이것만 먹고 살 수 있을 것 같았는데. 결국 마지막은 오고 말았다. 떠나기 바로 전전날, 동생과 난 새로운 식당을 찾기보단 우리가 좋아했던 곳들과 작별인사를 하며 떠나자는 계획으로 가게 된 것이다. 여전히 사람이 많아 북적거렸던 식당에 자리를 잡고 앉으니 그날 따라 식당 안에 진한 고기 육수의 향이 강렬하게 맴도는 듯했다. 기억을 간직하는 가장 효과적인 방법이 후각이라고 하던데, 아직까지 저 사진을 보면 그 향이 나는 것 같다. 한 그릇을 다 비우고 나니, 슬슬 실감이 나기 시작했다. 떠나는구나.

2일 전

떠나기 하루 전의 낮.

오늘은 우리가 1년 전 이맘 때쯤 파리에 도착해서 처음 먹었던 식당을 찾아가 점심을 먹었다. 첫 날 약간은 피곤한 상태로 주변에 먹을 곳을 찾다 들어간 이 곳. 주인 아저씨께서 동생을 보고 젊은 예술가 같다며 마음에 들어 하셨었다.

음식도 따뜻하고 정갈해서 기분 좋게 식사를 했던 기억이 나 찾아갔는데, 식당은 그 때보단 조용했지만 여전히 따뜻하게 맞아 주셨고, 그날의 이야기를 했더니 반가워하시며 우린 곧 만날 거니 아쉬워하지 않겠다 하셨다. 그 말에 마지막이 더 실감이 났다. 언젠가 다시 만나요!

첫 날

처음 이 도시에 도착했던 날 우리는 준비했지만 아무것도 준비된 것 같지 않게만 느껴졌고, 바람마저 낯설었다. 다행히 날씨가 참 좋았던 9월이었다. 가장 파리다운 음식점에서 첫 식사를 해야겠다 생각하고, 한 식당을 무작정 찾아 들어갔다. 약간 늦은 저녁이라 사람이 별로 없었고, 사장님은 생각했던 것 만큼 우리를 신기하게 바라보았다. 불어를 할 줄 모를 거라 생각한 손님이 불어로 주문하자, 호기심이 더욱 커진 눈빛으로 파리에 몇 일째 머물고 있냐 물었다. 그 말에 약간 마음이 풀어져 오늘이 첫 날이라고 웃으며 대답했더니, 전혀 그렇게 느껴지지 않았다고 포근하게 웃어 주셨다. 우리 남매의 모습이 마치 예술가 같다며, 나가는 길에 젊은 두 예술가들, 다음에 또 보자며 손을 흔들며 인사해 주셨다. 어쩌면 그 말이 우리의 앞으로의 1년을 관통하는 말이었던 것 같다. 예술 같은 도시에서의 1년은 우리를 작은 예술가의 시선으로 살아가게 만들었다. 그 말에 이끌려 우린 마지막 날 점심식사를 위해 똑같은 식당을 찾았다. 그 때와 달리 햇살이 맑은 점심시간이라 조금 더 편안해 보였다. 그 때 계시던 사장님은 없었지만, 이번엔 다른 직원이 우리에게 인사해주었다. 잘 가라는 인사가 아닌 또 봐, 라며 우릴 배웅해주었다.

또 봐, 그 인사를 아직 기억한다.

1일 전

마지막으로 짠.

아직까지도 이 예쁜 도시는 구석구석 감동을 준다.
1년 행복했으니 앞으로 더 행복하기로 하자.
서른 살 빅 파티를 꿈꾸며….

나, 다시 올 거야

오지 않을 것 같던 마지막 날 밤, 우린 마지막을 장식할 만한 가장 멋진 장소로 향했다. 반짝이는 에펠이 보이는 공원에 앉아 가는 길에 산 음료수와 얼음을 컵에 따랐다. 멋지게 샴페인이라도 터뜨렸어야 했는데, 술과 친하지 않기도 했고, 우리와 어울리지 않았다. 작은 플라스틱 컵에 음료수를 담아 마지막을 부딪혔다. 그리고는 한참을 그 풍경을 바라보기만 했다. 언제 다시 올 수 있을까, 동생이 물었다.

순간 울컥하는 마음이 들었지만, 태연하게 답했다.

'다시 올건데? 나 서른살에 여기서 빅 파티 할 거야'

웃으며 농담처럼 넘겼던 마지막은 사실 무척 아쉬웠다. 나도 언제 다시 이 곳에 올 지, 그 때 난 무엇이 되어 있을 지, 아무것도 모르고 있었기에. 그래서 막연하게 서른 살에 파리에서 파티를 열자고 했다. 이렇게 반 강제적으로 떠나지 못하는 것은 예상치 못한 시나리오지만, 서른 살엔 파리에 가고 싶다.

파리가 그립다. 그렇게 알 수 없던 도시가 보고 싶다. 마지막을 조금 더 멋지게 장식할 걸. 그렇지만 원래 진짜 마지막엔 별 게 없다. 이미 그 마지막을 향해 가며 많은 것들이 쏟아져 나왔기에. 한 가지 소망이 있다면, 그 마지막이 진짜 마지막이 아니기만을 바랄 뿐이다.

끝

그렇게 여행이 끝이 났다. 끝이라는 말은 누가 만들었는 지 몰라도 참 짧은 단어에 많은 것들을 담았다. 담을 게 많은 말이라 그렇게 짧게 툭 뱉어버리고 다음으로 나아갈 수밖에 없다.

1년을 다른 곳에 있다 한국으로 돌아오니 늘 보던 것들이 낯설고 새롭다. 지하철의 화장실, 길가의 편의점, 나와 비슷하게 생긴 사람들. 한 가득 짐을 들고 공항 철도를 탔는데도 아무도 우릴 쳐다보지 않았다. 파리 지하철을 탈 때마다 여기저기 우릴 향해 쏟아지던 시선이 이젠 사라졌다. 우리를 쳐다보지 않는 사람들 틈에 서있다 보니 금세 시간이 흘렀다.

그리고 몇 달 후, 코로나 바이러스로 인해 더 이상 떠날 수 없을 지도 모른다는 소식을 들었고, 2년 가까이의 시간은 우릴 좌절하게 만들었고, 그러다 문득 이 일기가 생각났다. 우연히 열어본 그 일기장 안은 새파랗고 반짝거렸다. 왠지 이 긴 터널 같은 시간도 머지않아 끝이 날 것만 같았다.

그렇게 만들기 시작한 책이다. 그 시간들은 끝이 있었기에 더 빛이 났다. 비록 지금의 나는 아무리 노력해도 그 순간을 전부 글에 담아낼 수는 없었지만, 글을 쓰는 내내 같이 아쉽고 행복했다.

떠날 때가 되어서야 살아있음을 느꼈다. 생생한 감촉으로 내가 숨쉬고 있다는 것을 온 몸으로 느낄 수 있었다. 그 순간을 기억하기 위해 끝이라는 것이 존재하는 것일 지도 모른다는 생각을 했다.

이 글을 읽는 여러분도 그렇게 매 순간 아쉬움을 간직한 채 살았으면 좋겠다. 그리고 끝을 두려워하지 않았으면 좋겠다. 오늘을 멋지게 살아 보셨으면 좋겠다.

이제 진짜 끝이 났다.

떠나기 100일 전부터 보이기 시작한 것들

초판1쇄   2022년 6월 10일
지 은 이   박프레
펴 낸 곳   하모니북

출판등록   2018년 5월 2일 제 2018-0000-68호
이 메 일   harmony.book1@gmail.com
전화번호   02-2671-5663
팩   스   02-2671-5662

ISBN 979-11-6747-049-2 03920
© 박프레, 2022, Printed in Korea

값 18,800원

이 도서의 국립중앙도서관 출판예정도서목록(CIP)은 서지정보유통지원시스템 홈페이지(http://seoji.nl.go.kr)와 국가자료공동목록시스템(http://www.nl.go.kr/kolisnet)에서 이용하실 수 있습니다.

색깔 있는 책을 만드는 하모니북에서 늘 함께 할 작가님을 기다립니다.
출간 문의 harmony.book1@gmail.com